交通运输部规划研究院课题组
综合交通规划数字化实验室 ◎ 著

高等级公路
交通流量-速度关系
模型研究

首都经济贸易大学出版社
Capital University of Economics and Business Press
·北京·

图书在版编目（CIP）数据

高等级公路交通流量–速度关系模型研究 / 交通运输部规划研究院课题组，综合交通规划数字化实验室著. -- 北京：首都经济贸易大学出版社，2023.9
　　ISBN 978-7-5638-3532-4

Ⅰ.①高…　Ⅱ.①交…②综…　Ⅲ.①等级公路—交通模型—研究　Ⅳ.①U412.36

中国国家版本馆CIP数据核字（2023）第110808号

高等级公路交通流量–速度关系模型研究
交通运输部规划研究院课题组
综合交通规划数字化实验室　著
GAODENGJI GONGLU JIAOTONG LIULIANG–SUDU GUANXI MOXING YANJIU

责任编辑	彭伽佳
封面设计	砚祥志远·激光照排　TEL: 010-65976003
出版发行	首都经济贸易大学出版社
地　　址	北京市朝阳区红庙（邮编 100026）
电　　话	（010）65976483　65065761　65071505（传真）
网　　址	http://www.sjmcb.com
E - mail	publish@cueb.edu.cn
经　　销	全国新华书店
照　　排	北京砚祥志远激光照排技术有限公司
印　　刷	北京建宏印刷有限公司
成品尺寸	170毫米×240毫米　1/16
字　　数	137千字
印　　张	10.25
版　　次	2023年9月第1版　2023年9月第1次印刷
书　　号	ISBN 978-7-5638-3532-4
定　　价	56.00元

图书印装若有质量问题，本社负责调换
版权所有　侵权必究

编 委 会

主　　编：刘文芝　李　悦　顾明臣
副 主 编：刘增军　王英平　熊慧媛　张　硕
参编人员：徐华军　蹇　峰　刑宇鹏　刘　宏
　　　　　　耿彦斌　撒　蕾

前　言

流量-速度关系模型是交通流理论的基础模型之一。它作为交通阻抗函数，普遍应用于采用四阶段法的交通分配过程，从而在路网规划、建设、管理、控制与决策等全生命周期多领域的工程项目实践中产生应用价值。既有的流量-速度关系模型因当时的技术环境限制，标定模型所采用的调查样本覆盖范围小、样本量有限、代表性不足；另外，国外学者往往基于各自国家的交通流情况标定模型，这并不完全符合我国交通流的特性。因此，上述模型在应用过程中往往出现一些问题，如模型预测精度过低，实际交通量与通行能力之间不匹配，特定区域的流速模型移植到其他地区时不再适用，等等。

本书基于全国公路交通情况调查数据，采用Python等大数据处理工具展开研究。首先，设计出一套高等级公路交通流量和速度大数据自动化清洗规则和流程。其次，采用方差分析、回归分析、普通最小二乘法等数理统计学经典理论和方法，挖掘我国高等级公路交通流特性现状，识别流速关系的关键影响因素，划分流速关系模型适用条件，测算公路实际自由流速度及通行能力。最后，以流量和速度之间的BPR函数形式为基础，标定不同适用条件下的流量-速度关系模型参数，以提高模型的预测精度及可移植性，并采用拟合优度、混淆矩阵、测试集等方法多维度验证模型可靠性。本书所构建的不同适用条件下流量-速度关系的模型群，可支撑公路网规划适应性评价、路网设施交通运行现状评估，同时，可为交通需求预测与分配提供路阻函数，为公路行业相关的交通经济分析提供模型计算。

本书内容分九章。前两章分别为绪论和交通流量−速度关系模型国内外研究现状，系统梳理了相关理论与方法。第3章是全国公路交通情况调查数据概况，包括全国公路交通情况调查概况、数据定义及特征等。第4章设计了一套高等级公路交通流量和速度的大数据自动化清洗规则和流程，具体包括大数据清洗常用工具、交调数据的质量分析以及交调数据清洗规则的挖掘。第5章对流量−速度关系模型的适用条件进行划分，包括区域差异性的分析及流速关系影响因素的识别等。第6章和第7章主要测算实际自由流速度以及公路实际通行能力。第8章是对不同适用条件下的流量−速度关系模型参数的标定及验证，包括流量−速度关系模型理论基础、建模数据时间颗粒度的选取、样本数据特征展示、不同区域的高等级公路流量−速度关系模型参数的标定及验证等。第9章是附录，包括高等级公路流量−速度关系模型功能开发的需求报告以及平台的相关操作界面。

本书的研究成果既可为相关管理部门提供决策支持，也可作为相关研究的学者及从业人员提供理论和实践参考。本书的出版得到了交通运输部规划研究院科技开发项目（课题编号：092123−321）的资助。

目 录

1 绪 论 ··· 1
   1.1 背景和意义 ····························· 3
   1.2 主要研究内容 ··························· 4
   1.3 章节结构 ······························· 5

2 交通流量–速度关系模型国内外研究现状 ············· 7
   2.1 国外研究现状 ··························· 9
   2.2 国内研究现状 ··························· 11
   2.3 模型应用中存在的问题 ··················· 15

3 全国公路交通情况调查数据 ······················· 17
   3.1 公路交通情况调查概况 ··················· 19
   3.2 调查数据的定义和概况 ··················· 20
   3.3 交调站点的空间分布特征 ················· 25
   3.4 交通流特征 ····························· 30

4 高等级公路交通流量和速度大数据自动化清洗技术、规则和流程设计 ································· 39
   4.1 交通大数据处理常用工具 ················· 41
   4.2 数据质量分析和清洗规则制定 ············· 44

4.3　交调数据自动化清洗的流程设计 ………………………… 57

5　流量–速度关系模型适用条件划分的研究 ………………… 61
　　5.1　流速关系区域间差异性分析 ………………………………… 63
　　5.2　流速关系的影响因素分析 …………………………………… 66

6　自由流速度测算研究 ………………………………………… 69
　　6.1　自由流速度的定义 …………………………………………… 71
　　6.2　公路实际自由流速度的测算 ………………………………… 71

7　实际通行能力的测算研究 …………………………………… 75
　　7.1　通行能力和服务水平的定义 ………………………………… 77
　　7.2　道路特性分析 ………………………………………………… 81
　　7.3　通行能力分析方法 …………………………………………… 83
　　7.4　算例 …………………………………………………………… 87
　　7.5　实际通行能力测算结果 ……………………………………… 88

8　不同适用条件下流量–速度关系模型参数的标定 ………… 91
　　8.1　流量–速度关系模型的理论基础 …………………………… 93
　　8.2　数据时间颗粒度的选取 ……………………………………… 97
　　8.3　样本数据清洗 ………………………………………………… 101
　　8.4　流量–速度关系模型参数的标定及验证 …………………… 104

9　附　录 ………………………………………………………… 121
　　9.1　高等级公路流量–速度关系模型功能开发需求报告 ……… 123
　　9.2　流量–速度关系模型 TranSPAD 平台的核心操作界面 …… 137

参考文献 ………………………………………………………… 145

图 目 录

图 3-1	全国交调站点类型、在各级公路的分布情况图	25
图 3-2	京津冀交调观测站点的空间分布图	31
图 3-3	京津冀交调观测站点地貌特征分布图	32
图 3-4	京津冀交调站点车道数量分布图	32
图 3-5	京津冀交通流的时变特征	34
图 3-6	京津冀交通流货车占比	35
图 3-7	河北省高速公路交通流的时变特征（平日/节假日）	36
图 3-8	河北省一级公路交通流的时变特征（平日/节假日）	36
图 3-9	天津市高速公路交通流的日变特征（平日/节假日）	37
图 3-10	天津市高速公路交通流时变特征（小客车/特大货车）	37
图 4-1	连续交调站点分布情况	47
图 4-2	空缺数据的时变特征（客车流量空缺）	52
图 4-3	G108L211110109 站点流速数据散点图	54
图 4-4	G45L551130982 站点流速数据散点图	55
图 4-5	交通流量数据的归一化处理	56
图 4-6	数据清洗基本流程	57
图 5-1	三省份不同车型交通量时变特征	65
图 6-1	自由流车头时距	72
图 6-2	相同公路等级、地貌条件、不同设计速度下的自由流正态分布曲线	72

图 6-3 相同公路等级、设计速度、不同地貌条件下的自由流
　　　　正态分布曲线 ································· 73
图 6-4 相同公路等级、设计速度、地貌条件下的不同车型的
　　　　自由流正态分布曲线 ··························· 73
图 7-1 一级服务水平下交通流 ························· 79
图 7-2 二级服务水平下交通流 ························· 80
图 7-3 三级服务水平下交通流 ························· 80
图 7-4 四级服务水平下交通流 ························· 80
图 7-5 五级服务水平下交通流 ························· 81
图 7-6 六级服务水平下交通流 ························· 81
图 7-7 基本路段示意图 ······························· 82
图 7-8 实际通行能力测算流程图 ······················· 84
图 7-9 基准条件下不同设计速度对应的流速曲线 ········· 84
图 8-1 三种时间颗粒度下的流量分布 ··················· 99
图 8-2 G1L211110112、G103L206110105 站点的流速散点图 ········ 102
图 8-3 G103L216110105、G25L114120200 站点的流速散点图 ········ 103
图 9-1 高等级公路交通流量-速度关系模型功能点 ············ 124
图 9-2 高等级公路交通流量-速度关系模型模块功能图 ········· 126
图 9-3 数据选定/提取功能逻辑结构图 ···················· 127
图 9-4 交互/计算/展示功能逻辑结构图 ··················· 128
图 9-5 首页 ·· 129
图 9-6 数据录入、上传 ······························· 135
图 9-7 高等级公路流量-速度关系模型 TranSPAD 的操作界面首页 138
图 9-8 高等级公路交通流量-速度关系模型的功能框架 ········ 138
图 9-9 空间筛选功能的操作按钮 ························ 139
图 9-10 模型计算功能的操作按钮 ······················· 139

图 9-11　选定路线的属性数据表 ·················· 140
图 9-12　车型选择功能 ························ 140
图 9-13　查看模型计算成果的功能按钮 ·············· 140
图 9-14　模型计算成果表 ······················ 141
图 9-15　计算结果渲染配置按钮 ·················· 141
图 9-16　渲染配置效果示意图 ···················· 142
图 9-17　点击属性查询按钮 ····················· 142
图 9-18　选定路线的属性展示图 ·················· 143

表 目 录

表 2-1　流量-速度关系模型汇总 ………………………………………… 14
表 3-1　交调站点属性数据指标样式 ……………………………………… 22
表 3-2　交调流速数据指标样式 …………………………………………… 23
表 3-3　六种车型的划分标准 ……………………………………………… 24
表 3-4　六种车型的当量换算系数 ………………………………………… 24
表 3-5　全国交调站点类型、在各级公路的分布情况表 ………………… 26
表 3-6　全国交调站点在各省、自治区、直辖市的空间分布情况表 …… 26
表 3-7　全国交调站点在不同车道和不同等级公路上的分布情况表 …… 27
表 3-8　公路设计速度分布情况表 ………………………………………… 28
表 3-9　地貌分布情况表 …………………………………………………… 29
表 3-10　地貌、公路等级、设计速度分布情况表 ……………………… 29
表 3-11　京津冀交调观测站点的空间分布表 …………………………… 31
表 3-12　AADT 值 10 万 pcu 以上的京津冀交调站点统计表 …………… 33
表 4-1　数据清洗规则 1：数据缺失率 …………………………………… 48
表 4-2　采用人工采集数据的 6 个连续交调站点流速数据记录
　　　　（2019 年 10 月份）…………………………………………… 48
表 4-3　人工采集流速数据的日分布表（6 个站点）…………………… 49
表 4-4　数据清洗规则 2：按关键变量取值过滤数据 …………………… 49
表 4-5　数据清洗规则 3 …………………………………………………… 50
表 4-6　小客车和大客车流量空缺的交调站点分布 ……………………… 50

表 4–7	数据清洗规则 4	52
表 4–8	货车车速异常值的交调站点分布情况	53
表 4–9	数据清洗规则 5	53
表 4–10	数据清洗规则 6	54
表 4–11	数据清洗规则 7	55
表 4–12	数据清洗规则 8	55
表 4–13	数据清洗规则 9	56
表 5–1	方差分析表	64
表 5–2	模型适用条件	67
表 6–1	各适用条件下各车型的自由流速度	74
表 7–1	不同自由流速度对应的基准通行能力值	85
表 7–2	高速公路基本路段设计速度与基准自由流速度关系	85
表 7–3	车道宽度和路侧宽度对基准自由流速度的修正	85
表 7–4	车道数量对基准自由流速度的修正	86
表 7–5	不同自由流速度对应的基准通行能力值	86
表 7–6	一级公路设计速度与基准自由流速度对应关系	86
表 7–7	车道数量对基准自由流速度的修正	87
表 7–8	车道宽度对基准自由流速度的修正	87
表 7–9	各适用条件下的公路实际通行能力	88
表 8–1	三种时间颗粒度下的流量速度分布	99
表 8–2	一天数据标定的流量–速度关系模型参数	100
表 8–3	五天数据标定的流量–速度关系模型参数	100
表 8–4	交调站点公路技术等级分布情况表	104
表 8–5	交调站点的地貌分布情况表	105
表 8–6	交调站点的设计速度分布情况表	105
表 8–7	不分车型的流量–速度关系模型参数标定结果	106

表 8-8	不分车型的流量-速度关系模型验证结果	107
表 8-9	分车型的流量-速度关系模型参数标定结果	108
表 8-10	分车型的流量-速度关系模型验证结果	114
表 9-1	用户角色描述	124
表 9-2	流量-速度关系模型适用条件和内部参数表	130
表 9-3	流量-速度关系模型外部参数表	131
表 9-4	交通流量单位转换系数	132
表 9-5	数据需求描述	136

1

绪 论

1.1 背景和意义

流量-速度关系模型,即 $S = f(V)$,是交通流理论的基础模型之一。其中,V 是交通流量,S 为交通流速度。作为交通阻抗函数,流量-速度关系模型普遍应用于采用四阶段法的交通分配过程,从而在路网规划、建设、管理、控制与决策等全生命周期多领域的工程项目实践中产生应用价值。这吸引了众多理论研究者和交通工程师,他们投入了大量精力研究交通阻抗与流量及道路条件之间的函数关系,构建了以经典的道路阻抗函数 BPR 模型为代表的一系列路阻函数,并使之获得了广泛应用。但现有的模型在使用过程中仍存在一些问题,如阻抗分析精度过低导致实际交通量与通行能力之间不匹配,将特定区域的阻抗模型移植到其他地区时不再适用等,究其原因,主要有如下三个方面:

(1)受技术环境限制,标定模型所采用的调查样本覆盖范围小、样本量有限,而不同道路条件、不同车辆构成下流速关系的差异性较大。因此,小样本数据标定的参数并不具有很强的说服力。同时,局部范围特定数据标定的参数也缺乏可移植性。

(2)国外学者往往基于各自国家的道路交通情况标定其阻抗函数模型,但这并不完全符合我国交通流的特性。

(3)随着经济、社会和机动化程度的不断发展,我国实际交通流特性正在发生变化,不再适合沿用既有模型。

就社会发展的角度和交通规划的需求而言,挖掘我国现状交通流特性,设计流速关系模型参数标定和优化方法,研究不同适用条件下流速关系的差异性及其参数演化机理，从而解决阻抗分析精度和模型可移植性提升两个关键的科学问题，是亟待研究的领域，其对交通路网规划和决策可以提供重要理论依据和实践支持。

本书基于全国公路交通情况调查数据，采用Python等大数据处理工具展开研究。首先，设计出一套高等级公路交通流量和速度大数据自动化清洗规则和流程。其次，采用方差分析、回归分析、普通最小二乘法等数理统计学经典理论和方法，挖掘我国高等级公路现状交通流特性，识别流速关系的关键影响因素，划分流量–速度关系模型适用条件，测算公路实际自由流速度及通行能力。最后，以流量和速度之间的BPR函数形式为基础，标定不同适用条件下的流量–速度关系模型参数，以提高模型的预测精度及可移植性，并采用拟合优度、混淆矩阵、测试集等方法多维度验证模型可靠性。本书研究所构建的不同适用条件下流速关系的模型群，可支撑公路网规划适应性评价、路网设施交通运行现状评估，同时，可为交通需求预测与分配提供路阻函数、为公路行业相关的交通经济分析提供模型计算。

1.2 主要研究内容

本书的核心内容如下：

（1）设计出一套高等级公路交通流量和速度大数据自动化清洗规则和流程。在对数据的缺失值、异常值、一致性等方面进行数据质量分析的基础上，结合交通流的客观特征，归纳出一套交调数据清洗规则，并编写Python代码实现自动清洗流程。

（2）交通流特征挖掘及其影响因素的识别研究。这能为流量–速度关系模型适用条件的划分提供理论、方法与事实依据。本书从交调站点、交通流量以及速度等维度分析和挖掘交通流特征，影响因素的选取采用理论参考和数据观察相结合的方式。根据公路技术经济指标，如道路几何特性、车辆特性、非机动车的混入状况、路边摩阻等因素，结合数据特性及可获得性等因素做出综合判断，提出道路设计速度、技术等级、地貌、货车比例等对交通流量速度有显著影响的假设，再通过实证分析加以验证。

（3）流量-速度关系模型适用条件的划分。根据流速关系影响因素的重要性，划分流速关系的不同适用条件，为流量-速度关系模型的构建提供前置条件。

（4）不同车型混行条件下的道路实际通行能力、畅行速度测算。测算各种车型在自由流状态下的车速，收敛车速以及相应的V/C比，饱和车速以及车辆排队导致的修正的饱和车速。道路实际通行能力往往受道路特性和交通组织结构等多方面因素的影响，一般采用线性内插法或曲线拟合法确定道路实际通行能力。

（5）不同适用条件下高等级公路流量-速度关系模型参数的标定及优化方法设计。采用最小二乘法标定流量-速度关系模型参数，构建不同区域、不同车型下的高等级公路流量-速度关系模型群，并采用拟合优度、混淆矩阵、测试集等方法多维度验证模型参数的可靠性。

1.3 章节结构

本书通过以下章节展开论述：

第1章为绪论，介绍本书的研究背景、研究意义、主要研究内容、章节安排等。

第2章叙述交通流量-速度关系模型的国内外研究现状，系统梳理相关理论与方法。

第3章为全国公路交通情况调查数据概况，包括全国公路交通情况调查概况、数据定义及特征等。

第4章为高等级公路交通流量和速度的大数据自动化清洗规则和流程设计，包括大数据清洗常用工具、交调数据质量分析以及交调数据清洗规则的挖掘。

第5章是对流量-速度关系模型适用条件的划分，包括对区域差异性的分析以及对流速关系影响的分析等。

第6章为自由流速度测算研究，包括自由流速度的定义、影响因素、测算方法以及算例等。

第7章为实际通行能力测算研究，包括通行能力和服务水平的定义、道路特性分析、测算方法以及算例等。

第8章为不同适用条件下流量-速度关系模型参数的标定及验证，包括流量-速度关系模型理论基础、建模数据时间颗粒度的选取、样本数据特征展示、不同区域高等级公路流量-速度关系模型参数的标定及验证等。

第9章为附录，包括高等级公路流量-速度关系模型功能开发需求报告以及流量-速度关系模型TranSPAD平台核心操作界面。

2 交通流量-速度关系模型国内外研究现状

2 交通流量–速度关系模型国内外研究现状

2.1 国外研究现状

Greenshields（1935）最早提出，流速关系符合以下这条二次曲线模型：

$$q = k_j(\bar{v} - \bar{v^2}/\bar{v_f})$$

1985年的美国道路通行能力手册（HCM，1985）就以该条曲线为研究基础。1966年，美国公路局（Bureau of Public Roads，BPR）对大量路段进行交通调查，通过回归分析，得到以下BPR函数：

$$t_a = t_0[1 + \alpha(v_a/c_a)^\beta]$$

其中，v_a 为通过路段 a 的交通量；c_a 为路段 a 的通行能力；t_0 为零流时间，即通过路段的交通量为0或极小时的自由流时间；t_a 为当路段上的交通流为 v_a 时的行程时间；α 和 β 均为待标定的参数。

BPR函数形式简单，交通分配求解速度快，且可对不同地区（城市）、不同时期的阻抗参数进行标定，模型具有广泛的适用性。但是，BPR函数存在当参数 β 过高时精度过低、当Q/C趋于1时曲线并不会趋于无穷等缺陷，导致用户均衡分配交通的结果出现路段流量大于其通行能力的现象。

在此基础上，Davidson基于排队论，提出了如下具有渐进性的阻抗函数：

$$t_a = t_0\left(1 + J_D\frac{v_a/c_a}{1 - v_a/c_a}\right)$$

其中，J_D 为表征延误的参数（也可以认为 $1-J_D$ 为表征服务水平的参数）。

该函数克服了 BPR 模型当流量接近通行能力时不适应实际情况的不足。在道路交通量达到容量之前，行程时间变化不大；道路交通量继续增加，车辆的行驶速度会急剧下降。但是，当路段流量趋近通行能力时，就会出现行程时间趋近无穷的问题，出现路段流量大于通行能力的情形，导致交通分配无法工作，这对寻求交通分配问题的用户均衡解是极为不利的，因为在最初几次迭代求解中，经常会出现路段流量大于通行能力的情况。正是由于存在以上问题，该函数极少在工程实践中被采用。

Sheffi 通过理论分析，指出 BPR 函数在标定时未考虑到交叉口的影响，当 β 值过高或道路饱和度较低时，行程时间的小幅度变化会导致模型精度过低。针对 BPR 函数这一缺陷，Spiess（1990）建立了新的函数：

$$t_a = t_0[2 + \sqrt{\alpha^2 + \beta^2(1 - v_a/c_a)^2} - \alpha - \beta(1 - v_a/c_a)]$$

其中，α 和 β 满足关系式 $\alpha = (2\beta-1)/(2\beta-2)$，且 $\beta > 1$。

该函数有效改进了 BPR 函数在 β 值较高时在计算特性上的弱点，已被经典的交通规划软件 EMME/2 所采用。

Akcelik（1991）基于稳态延误理论和排队论，推导出一个新的函数，即 Akcelik 函数：

$$t_a = t_0 + D_0 + 900T\left(v_a/c_a + \sqrt{(v_a/c_a - 1)^2 + 8\frac{J_D x}{c_I T}}\right)$$

其中，D_0 为信号控制产生的固定延误；c_I 为路段 a 下游信号控制交叉口在位于 a 上的进口道的通行能力；T 为分配的时段长度；J_D 为表征交叉口延误的参数。

该函数为流量的严格单调增函数，在流量接近通行能力时不会出现旅行时间无穷大的情况，满足了作为流量延误函数使用所必须满足的理论和计算上的要求。该延误函数最大的好处是直接将交叉口的控制延误考虑在方程式内，特别适合城市区域内交叉口密集地区交通模型的构建，而且模型还包含了一个控制变量 J_D，便于调校函数。

后来，Huntsinger 等（2011）利用高速公路检测器数据对瓶颈和列队进行分析，改进了路阻函数。鉴于测速点的数据获取更容易、数据量更大、模型拟合精度较高，Rafal 等（2017）从测速点角度出发，提出了利用交通量—速度—密度之间的关系代替 BPR 函数的交通量，解决了交通拥挤情况下 BPR 函数不适用的问题。此方法与 Huntsinger 的方法较为相似。Neuhold 等（2014）认为，道路随机容量取决于交通事故的发生概率，并由乘积极限法和 Weibull 分布确定，他们由此优化函数模型，优化后的模型可移植到多个城市使用。Yuan 等（2019）同样利用交通流基本理论各参数间的关系研究路阻函数，提出了速度和密度的 5 种函数模型，并确定了拟合度最高的线性函数，但其比较标准相对简单，也与实际情况相差较大。

类似的统计分析模型还有英国的 TRRL 模型、Underwood 指数模型、Greenberg 对数模型、Drew 模型曲线族、Edie 分段指数模型和 Pipe 模型曲线族模型等。

20 世纪 80 年代后，对于交通流接近或到达通行能力时的交通状况的研究成为研究热点，许多研究表明，交通流自由流速度可以维持到流量接近通行能力时的状态。Hall（1992）对这类研究进行了较为全面的综述，并指出，对于高速公路而言，流量—速度—占有率关系应分为三部分：第一部分为非拥堵阶段，第二部分为拥堵排队阶段，第三部分为排队后的交通疏解阶段。

2.2 国内研究现状

国内对道路流量–速度关系的研究起步较晚。国家"九五"科技攻关项目"公路通行能力研究"中,项目承担单位历时四年,在国内进行了大规模调查,以BPR函数为基础,通过S型曲线线性拟合修正,建立了符合我国各级公路交通特点的路段阻抗函数模型,国内著名交通规划软件TranStar即以此模型为基础进行阻抗分析。

另外,国内学者郭继孚(2000)等人通过对北京市城市快速路(二环、三环)的观测,得到了北京市城市快速路交通流特性大大不同于国外高速公路的结论。他们的研究表明,国外高速公路流量–速度关系曲线在交通流流量处于较低状态时,速度对流量变化不敏感,流量的增加对速度的影响不大,曲线线形较为平坦;而对于北京市城市快速路而言,其流量–速度关系曲线与Greenshields提出的抛物线曲线关系更加符合,即车流速度对流量变化比较敏感,在自由流阶段,随着流量的增加,速度迅速降低,与高速公路大不相同。

王炜(2003)等人通过对高速公路超负荷交通流的研究,借助对公路高峰小时超饱和状态下交通流消散过程的机理分析,提出了在某时段交通需求量超过该时段内通行能力时的流量–速度S型曲线模型。

王素欣(2009)等人对BPR函数进行了改进:随着拥挤程度的增加,将交通量减少量与路段通行能力相加的结果用于BPR函数,改进后的模型形式相对简单、易于计算。

四兵锋(2008)等人从出行需要的角度出发,考虑了不同车辆(私家车、公交车、非机动车)对路段行程时间的影响,提出了不同横断面形式的城市混合交通路阻函数模型。

刘宁(2013)等基于美国BPR函数,引入了交叉口密度、道路限速、公交站点密度、饱和度等主要因素,建立了启发式道路阻抗函数,利用非线性回归标定启发式路阻函数对大连市主干路进行实证研究,并同重新标定的美国BPR函数相互进行了比较。

2 交通流量-速度关系模型国内外研究现状

有学者认为，通过实测交通流数据分析得出的结论受调查影响很大，因此提出了在车辆跟驰理论基础上的流量-速度分段模型。模型分为自由流阶段、过渡阶段和排队跟驰阶段三个阶段，通过分析这三个阶段交通流各自的特点，建立了流量-速度理论模型。

有学者通过对交通流参数的微分分析，得到了交通流的运动微分方程和欧拉方程，建立了交通流的动力学模型，以此求解交通流参数之间关系的一般形式。

熊烈强（2005）通过研究混合交通流动力学模型，对交通流特征关系式进行积分，得到了混合交通流速度、流量、占有率三个参数之间的函数关系。他提出了混合交通流动力学模型：

$$\frac{\partial k}{\partial t} + \frac{\partial q}{\partial x} = s$$

$$\frac{\partial u}{\partial t} + u\frac{\partial u}{\partial x} + \frac{1}{k}\frac{\partial q(u_1 - u)}{\partial x} + \frac{u_w - u_1}{k}\frac{\partial q}{\partial x} - \frac{u_w - u_1}{k}s = 0$$

其求解算法采用特征线法，在交通流高速低密度区和交通流低速高密度区分别得到了两组特征关系式和对应的特征线。特征关系式中包含了研究混合交通流参数之间关系的基础因素，即干道流量、速度和密度以及超车换道流量。

杨永勤（2006）等人提出，研究交通流机理可以通过仿真，在理论上推导出相互间的关系模型。他们在车辆跟驰理论基础上，对各个阶段车头间距和行驶速度之间的关系进行假设，将流量-速度关系分为自由流阶段、过渡阶段和排队跟驰阶段三个阶段，建立了流量-速度理论模型：

第一阶段：$K = 0 \to K_f$，$Q = V_m K$

第二阶段：$K = K_f \to K_q$，$Q = \dfrac{V}{aV^2 + bV + c}$

第三阶段：$K = K_q \to K_f$，$Q = \dfrac{V}{bV + c}$

Cheng 等（2021）提出了适用于所有交通密度情况下的具有 S 形状的交通流模型（S3），该模型包含 3 个参数。

马晓龙等（2015）建立了 Logistic 密度-速度关系模型，该模型基于生长曲线原理，并应用实测数据对模型参数进行了标定。

综上所述，根据研究者建模方法的不同，交通流量-速度关系模型主要分为以下四大类模型：统计分析、统计分析+模型推导、模型推导及基于仿真。具体模型及其适用道路的类型见表2-1。

表2-1 流量-速度关系模型汇总

建模方法	模型名称	适用道路类型
统计分析	英国 TRRL 模型	市中心区拥挤路段
	美国 HCM 模型	高速公路
统计分析+模型推导	BPR 模型	公路
	Greenshields 抛物线模型	高速公路
	Underwood 指数模型	高速公路（密度小的路段）
	Greenberg 对数模型	高速公路（密度大的路段）
	Drew 模型曲线族	高速公路
	Edie 分段指数模型	高速公路
	Pipe 模型曲线族	高速公路
模型推导	基于交通流的动力学模型推导	各种道路
	基于车辆跟驰理论推导	各种道路
基于仿真	跟车模型模拟	各种道路
	元胞自动机模型模拟	各种道路

2.3 模型应用中存在的问题

高等级公路流量–速度关系模型是描述高等级公路流量与区间平均车速和行驶时间的基本模型，是交通规划和交通运行评估的基础模型之一，广泛应用于公路网规划、公路工程建设项目可行性研究以及公路交通运营和管理。

目前应用较广的高等级公路流量–速度关系模型主要有两种：

一是直接引用国外标定的流量–速度关系模型。经典的流量–速度关系模型主要有美国《道路通行能力手册》（1985）应用的 Greenshields 抛物线模型，美国联邦公路局的 BPR 路阻函数模型，英国的 TRRL 模型等；

二是20世纪90年代和21世纪初分别由交通运输部公路规划研究院和东南大学等研究机构和高校建立的流量–速度关系模型。

第一种模型来源于国外，与我国的交通流特性有较大差异。第二种模型建立于20多年前，目前我国高等级公路上的车型及结构与当时相比均发生了重大变化，同时，受当时研究条件的限制，无论模型形式、样本特征、样本覆盖程度还是样本量，都存在不同程度的局限性，影响了模型的拟合度和可移植性。从实际应用效果来看，两种模型都难以准确反映我国目前交通流的特性，行业内重新建立流量–速度关系模型的呼声日渐高涨。

3

全国公路交通情况调查数据

3.1　公路交通情况调查概况

我国公路交通情况统计调查在制度上由交通运输部综合规划司统一组织、分级实施，由各级公路交调管理机构负责数据的审核和上报；部级公路交调管理机构负责国家级公路交调站的规划编制、位置确定与变更审核、数据汇总、数据审核、数据质量评价及抽样督查等工作，省级公路交调管理机构统筹负责本省国家级公路交调站的具体位置设置、设施建设与维护管理、数据审核上报、期间核查、日常运行规章制定等工作。根据调查频率，通过公路交调信息网、交通运输行业统计公报、微信端或其他形式公布月度、季度、年度等不同时间颗粒度的交通量、车速和拥堵情况等统计调查数据。

自 1979 年开始准备至今，我国公路交通情况调查工作已有 40 多年的发展史，经历了四个发展阶段。

第一阶段为调查体系建立阶段（1979—1990 年）。这一时期，我国基本上建立了国、省、地（市）三级调查组织体系，并建设成立了 3 000 多个国道网调查站点，开始编制年度资料。但调查手段以人工为主，调查数据的准确性、及时性以及代表性不高。

第二阶段为巩固发展阶段（1990—2000 年）。这一时期，调查工作进入稳定发展阶段，工作从基础体系建设转入日常调查和管理。虽然调查站点的建设规模有所减少，但调查技术手段有所改善，自动化调查设备逐渐在工作中得以应用。但各地普遍存在调查工作权责划定模糊的问题。

第三阶段为完善体系和建章立制阶段（2000—2010 年）。2002 年公路交调工作正式纳入统计工作范畴，并将高速公路纳入调查范围内，调查内容扩展至交通量、车速、轴载、出入境流量等，调查自动化水平、数据实时性和完整性也得到了快速提高。先后制定了《公路交调统计报表制度》《公路交调设备车型分类标准》等多个管理办法，大大提高了交调工作的规范性。调查数据应用越来越广泛，为公路建设规划提供基础统计资料支撑，为交通经济运行分析、路网运行管理、应急抢通组织等工作提供服务，开始向社会公众提供信息服务。

第四阶段为方式转变和服务拓展阶段（2010 年至今）。在这一阶段，随着智能化手段的普及，交通行业形成了多样化的公路交通情况调查信息来源，初步实现了数据采集自动化、信息来源多元化、数据分析专业化的目标。

我国公路交通情况调查的内容主要包括交通量调查、车速调查、比重调查、起讫点调查、通行能力调查、轴载调查、车头时距调查、交通事故调查以及其他专项调查等；调查范围为全国公路网，包括高速公路、普通国道、省道、县道、乡道、村道以及专用公路等；调查方式有自动化调查、人工调查和利用收费系统进行转换等三种方式。

3.2　调查数据的定义和概况

截至 2019 年底，全国共有各类公路交调站点约 4.5 万个，车速调查路段约 1.5 万个。其中，在全国主要运输通道和重要节点建成了 8 000 个自动化调查站，实现了调查数据从外场终端到数据中心 5 分钟实时传输。建设了部、省两级 1+31 交调数据中心和全国统一的数据处理与分析平台，实现了全国公路交通情况调查业务全流程网上作业。

3.2.1 调查数据的定义

交通量：又称交通流量、车流量，指单位时间内通过公路某断面的交通（车辆）实体数。

交通流速度：指单位时间内通过公路某断面的交通流（车辆）的平均速度。

间歇式调查站：按规定的时间定期进行交通量调查的交通量观测站。每月进行1~3天24小时的观测，站点一般设在调查区间范围内能代表所在路段交通量的地点。

连续式调查站：全年分小时不间断进行交通量调查的站点。一般设置在主要干线中有代表性、能定量反映某一区域的交通量变化规律的路段。

比重式调查站：一般设置在能够定性、定量反映调查路段、路线及其所在区域内交通量分布、变化特征的路段，与连续式调查站和间隙式调查站不重复设置。

3.2.2 交调站点数据概况

交调站点属性数据具体包含30个主要指标，如表3-1和表3-2所示。其中，观测站类型主要分为J和L两类，J为间歇类，L为连续类；观测站等级指标的取值为0、1、2，分别对应国家级、省级和试用级；调查方法分为设备观测（0）、人工观测（10）和收费数据转换（21）等三种方式；公路技术等级变量的取值为0、1、2、3、4、5，分别对应高速公路、一级公路、二级公路、三级公路、四级公路和等外公路；地貌分为山岭（11）、重丘（12）、微丘（13）、平原（14）、沙漠（15）、河流（16）、湖泊（17）、大海（18）、草原（19）、峡谷（21）、沼泽（22）和其他（90）。设计速度有60公里/小时、80公里/小时、100公里/小时以及120公里/小时等。

表3-1 交调站点属性数据指标样式

year	gczbs	xzqhdm	xzqhsh	clxzqhdm	gczbh	gczmc	gczlx	gczdj	zh
年份	观测站标识	行政区划代码	行政区划省	行政区划	观测站编号	观测站名称	观测站类型	观测站等级	站点桩号
2020	140000020201206099 2F001C77E10E8DF	140000	14		Y002J001140000	陈庄	J	1	2
2020	140000020120412204940 202000114239	140212	14	140212	S204J202140212	新荣	J	1	18.56
2020	140000020120412204940 202000114907	140322	14	140322	S216J202140322	许家沟	J	1	11.072

qdzh	zdzh	gclc	lmlx	lmkd	bz_qdzh	bz_zdzh	bz_gclc	qdmc	zdmc	dcff	cdsl
起点桩号	止点桩号	观测里程	路面类型	面宽度（米）	重起点桩	重止点桩	比重观测里程	起点名称	止点名称	调查方法	车道数量
0	4.012	4.012	11		0			怀应线	陈庄	10	2
0	32.55	32.55	11	11.4	0	32.55	32.55	拒墙堡	吴官屯	10	2
0	18.018	18.018	11	7	0	18.018	18.018	南关	西南庄	10	2

jsdj	jsdjwy	sjsd	sjtl	ywtz	dimal	longitude	latitude
技术等级	技术等级唯一	设计速度（公里/小时）	适应交通量	业务特征	地貌	经度	纬度
4	1	20	14000				
2	1	80	15000		13	113.1409	40.24389
2	0	60	15000		12	113.3462	38.01226

3 全国公路交通情况调查数据

表3-2 交调流速数据指标样式

gcrq	hour	xsfx	dcsjlx	xkc	dkc	xhc	zhc	dhc	tdh
观测日期	观测时间	行驶方向	调查数据类型	中小客流量	大客车流量	小货车流量	中货车流量	大货车流量	特大货流量
1/10/2020	1	x	0	118	0	6	18	34	21
1/10/2020	1	s	0	81	0	4	8	7	13
1/10/2020	1	a	0	199	0	10	26	41	34

jzx	kc	hc	qc	kc_dl	hc_dl	qc_dl	jdc_dl	xkcs	dkcs
集装箱流量	客车流量	货车流量	汽车流量	客车当量	货车当量	汽车当量	机动车当量	中小客速度	大客车速度
0	118	79	197	118	219	337	338	71.3	0
0	81	32	113	81	89	170	171	65.8	0
0	199	111	310	199	308	507	509	69.1	0

xhcs	zhcs	dhcs	tdhs	jzxs	kc_cs	hc_cs	qc_cs	xzqhdm	xzqhmc
小货车速度	中货车速度	大货车速度	特大货速度	集装箱速度	客车速度	货车速度	汽车速度	行政区划代码	行政区划名称
65.8	70.9	64.1	64.8	0	71.3	65.9	69.1	140105	潞梼夕
69	68.3	63.4	53.6	0	65.8	61.3	64.6	140105	潞梼夕
67.1	70.1	64	60.5	0	69.1	64.6	67.5	140105	潞梼夕

3.2.3 交通流量和速度数据概况

交通流速数据具体包含30个主要指标,如表3-2所示。其中,观测时间覆盖全天24小时,1表示24:00点到1:00点,依此类推,24表示23:00到24:00,观测时间变量的取值从1到24;行驶方向x表示下行,s表示上行,a表示断面,$a=x+s$;数据调查类型变量取值有三种,分别为0、10和21,0表示自动设备采集、10表示人工24小时采集、21表示收费数据转换;行政区划代码为6位数,前两位表示省代码,中间两位表示地市代码,后两位表示区县代码;车辆主要分为六种常见类型,如中小客车、大客车、小货车、中货车、大货车以及特大货车等,车型划分标准如表3-3所示;客车流量是中小客车流量和大客车流量之和,货车流量是小货车流量、中货车流量、大货车流量以及特大货车流量之和,汽车流量是客车流量和货车流量之和。除此之外,还包含不同车型的流量(自然车辆数量)、当量(标准车数量,pcu)和速度(公里/小时)数据,各种车型的当量换算系数如表3-4所示。

表3-3 六种车型的划分标准

车型	一级分类	二级分类	额定荷载参数	轮廓及轴数特征参数
汽车	小型车	小客车(中)	额定座位≤19座	车长<6米,2轴
		小货车	载质量≤2t	
	中型车	大客车	额定座位>19座	6米≤车长≤12米,2轴
		中货车	2t<载质量≤7t	
	大型车	大货车	7t<载质量≤20t	6米≤车长≤12米,3轴或4轴
	特大型车	特大货车	载质量>20t	车长>12米或4轴以上;且车高<3.8米或车高>4.2米

表3-4 六种车型的当量换算系数

车型	标准小客车当量换算系数
小客车(中)	1
小货车	1

续 表

车型	标准小客车当量换算系数
大客车	1.5
中货车	1.5
大货车	3.0
特大货车	4.0

注：交通量折算采用中小客车为标准车型。

3.3 交调站点的空间分布特征

截至 2020 年底，在全国公路交调系统内可查询到 47 108 个交调站点，其中比重站点 16 276 个，间歇站点 19 888 个，连续站点 10 943 个。考虑到数据的可获得性，本书涉及的高等级公路是指高速公路和一级公路，站点选取连续站点。因此，本书所涉站点共 4 977 个，其中高速公路连续交调站点 2 393 个，一级公路连续交调站点 2 584 个，如图 3-1 和表 3-5 所示。

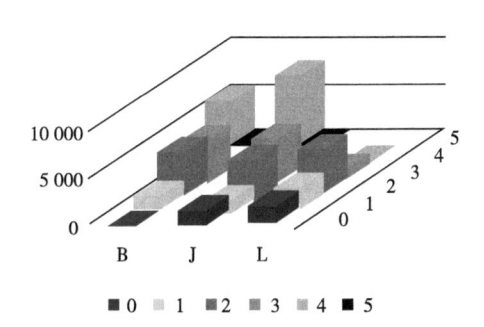

图3-1 全国交调站点类型、在各级公路的分布情况图

注：0、1、2、3、4、5 分别表示高速公路、一级公路、二级公路、三级公路、四级公路和等外公路；B、J、L 分别表示比重类站点、间歇类站点和连续类站点。

表3-5　全国交调站点类型、在各级公路的分布情况表　（单位：个）

		高速公路等级						总计
		0	1	2	3	4	5	
站点类型	B	132	1 157	4 404	3 883	6 606	95	16 277
	J	1 710	867	3 668	4 167	9 237	239	19 888
	L	2 393	2 584	4 810	953	203		10 943
	总计	4 235	4 609	12 882	9 003	16 046	333	47 108

注：0、1、2、3、4、5分别表示高速公路、一级公路、二级公路、三级公路、四级公路和等外公路；B、J、L分别表示比重类站点、间歇类站点和连续类站点。

可见，连续站点在二级公路上的分布最多，占比约为44%，一级公路上的占比为23.6%；高速公路上的占比为21.9%；三、四级公路上的占比较少；等外公路上未建设部署连续型交调站点。

上述4 977个连续站点在全国31个省、自治区、直辖市的空间分布情况如表3-6所示。江苏省、浙江省、山东省、河北省、广东省的交调站点分布较多，均为350个以上。其中，江苏省最多，达647个站点，远远领先于其他省、自治区、直辖市。交调站点数量较少的省份有西藏、重庆、云南、上海以及青海等。

表3-6　全国交调站点在各省、自治区、直辖市的空间分布情况表（单位：个）

行政区划名称	代码	站点数量	行政区划名称	代码	站点数量	行政区划名称	代码	站点数量
北京市	11	140	安徽省	34	118	四川省	51	118
天津市	12	173	福建省	35	105	贵州省	52	50
河北省	13	393	江西省	36	123	云南省	53	26
山西省	14	106	山东省	37	397	西藏	54	13

续 表

行政区划名称	代码	站点数量	行政区划名称	代码	站点数量	行政区划名称	代码	站点数量
内蒙古	15	96	河南省	41	189	陕西省	61	177
辽宁省	21	146	湖北省	42	131	甘肃省	62	78
吉林省	22	160	湖南省	43	166	青海省	63	44
黑龙江	23	117	广东省	44	352	宁夏	64	92
上海市	31	27	广西	45	68	新疆	65	157
江苏省	32	647	海南省	46	71			
浙江省	33	479	重庆市	50	18			

进一步结合车道数量做数据清洗，并通过统计分析，发现交调站点的分布情况如表3-7所示。车道数量以2、4、6、8车道为主，对应的站点分别为246、3 278、996、347个，共4 867个，占比约为98%。其中，2车道高速公路上有50个站点，2车道一级公路有上196个站点；4车道高速公路上有1 663个站点，4车道一级公路上有1 615个站点；6车道高速公路上有451个站点，6车道一级公路上有545个站点；8车道高速公路上有200个站点，8车道一级公路上有147个站点。

表3-7 全国交调站点在不同车道和不同等级公路上的分布情况表　　（单位：个）

		公路等级		总计
		高速公路	一级公路	
公路车道数量	2	50	196	246
	4	1 663	1 615	3 278
	6	451	545	996
	8	200	147	347
总计		2 364	2 503	4 867

公路设计速度分布情况如表3-8所示。可见，公路设计速度以通常的60公里/小时、80公里/小时、100公里/小时、120公里/小时为主，对应的站点数量分别为462个、1 785个、1 261个、1 276个，共4 784个站点，占比约为97%。除此之外，约3%的站点与其所对应的公路设计速度存在异常情况。

表3-8　公路设计速度分布情况表

设计速度（公里/小时）	数量（个）	设计速度（公里/小时）	数量（个）
60	462	100	1 261
80	1 785	120	1 276

交调站点所在公路的地貌分布情况如表3-9和表3-10所示。其中，11表示山岭，12表示重丘，13表示微丘，14表示平原，15表示沙漠，16表示河流，19表示草原，90表示其他，空白表示无地貌数据等。近5 000个站点中，有1 562个站点，即占比超过30%的站点无对应的地貌数据，后续可根据需要进一步修正补充。除此之外，站点的地貌以山岭、重丘、微丘以及平原为主，分别对应292个、178个、860个以及2 070个站点。约2 000个地貌为平原的站点中，近45%的站点位于高速公路上，设计速度以120公里/小时为主；约55%的站点位于一级公路上，设计速度以80公里/小时为主。在约900个地貌为微丘的站点中，约48%的站点位于高速公路上，设计速度以100公里/小时和120公里/小时为主；约52%的站点位于一级公路上，设计速度以80公里/小时为主。在约200个地貌为重丘的站点中，约73%的站点位于高速公路上，设计速度以100公里/小时和80公里/小时为主；约27%的站点位于一级公路上，设计速度以60公里/小时和80公里/小时为主。

表3-9 地貌分布情况表 （单位：个）

地貌	站点数量	地貌	站点数量
山岭 11	292	平原 14	2 070
重丘 12	178	总计	3 400
微丘 13	860		

表3-10 地貌、公路等级、设计速度分布情况表

地貌	公路等级	设计速度（公里/小时）	站点占比
山岭 11	高速	80	34%
		100	48%
		120	18%
	高速汇总		66%
	一级	60	42%
		80	55%
		100	3%
	一级汇总		34%
重丘 12	高速	80	42%
		100	45%
		120	13%
	高速汇总		73%
	一级	60	47%
		80	44%
		100	9%
	一级汇总		27%
微丘 13	高速	80	12%
		100	48%
		120	40%
	高速汇总		48%

续　表

地貌	公路等级	设计速度（公里/小时）	站点占比
微丘13	一级	60	23%
		80	57%
		100	20%
	一级汇总		52%
平原14	高速	80	6%
		100	27%
		120	67%
	高速汇总		45%
	一级	60	15%
		80	63%
		100	22%
	一级汇总		55%

约300个地貌为山岭的站点中，约66%的站点位于高速公路上，设计速度以100公里/小时和80公里/小时为主；约34%的站点位于一级公路上，设计速度以60公里/小时和80公里/小时为主。

3.4　交通流特征

为了充分挖掘交通流特征，我们随机选取京津冀地区的交调数据做相关分析。截至2020年底，京津冀地区共有412个连续交调站点。其中，北京有126个站点，天津有87个站点，河北有199个站点。北京高速公路站点49个，一级公路站点77个；天津高速公路站点23个，一级公路站点 64 个；河北高速公路站点 134 个，一级公路站点 65 个。如图 3-2 和表 3-11 所示。

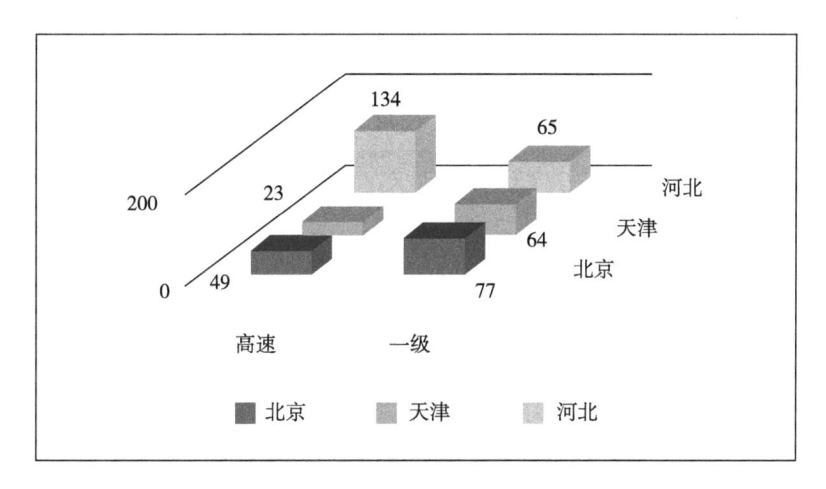

图3-2 京津冀交调观测站点的空间分布图

表3-11 京津冀交调观测站点的空间分布表　　　　　　　　（单位：个）

	高速	一级	总计
北京	49	77	126
天津	23	64	87
河北	134	65	199
总计	206	206	412

京津冀地区交调站点地貌以平原为主，以山岭、微丘和重丘为辅，如图 3-3 所示。可见，北京市大部分交调站点位于平原，占比为 90.40%；少部分交调站点地貌为山岭和微丘，占比分别为 6.4% 和 3.2%。天津市全部交调站点位于平原。河北省 74.85% 的交调站点位于平原，15.2% 的交调站点地貌为山岭，7.6% 的交调站点地貌为微丘，还有 2.34% 的交调站点地貌为重丘。

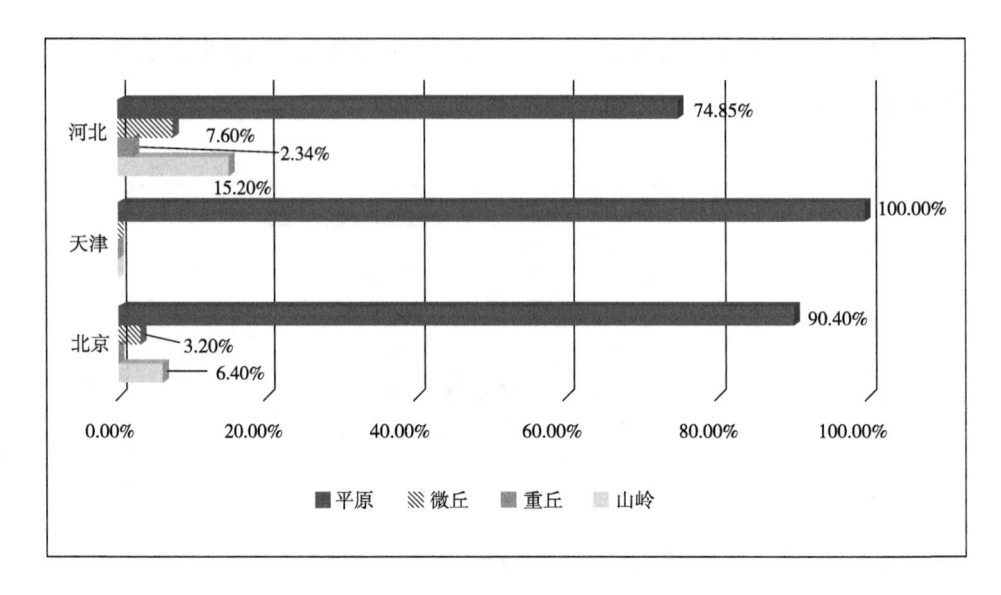

图3-3 京津冀交调观测站点地貌特征分布图

京津冀地区交调站点车道以4车道为主，占比为55.47%；其次是6车道、8车道和2车道，占比分别为27.01%、10.71%和6.08%。如图3-4所示。

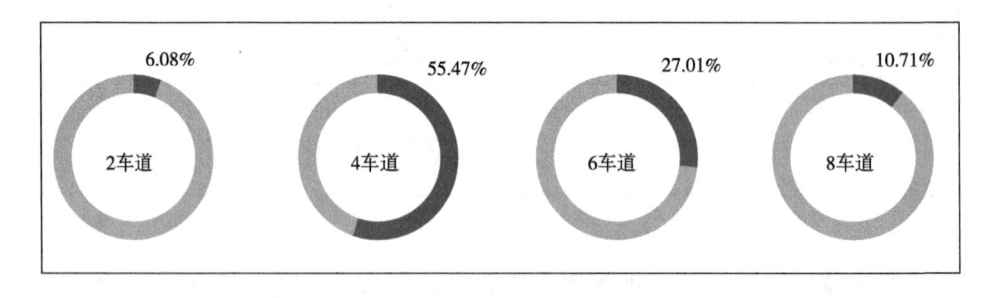

图3-4 京津冀交调站点车道数量分布图

AADT值10万pcu以上的京津冀交调站点见表3-12。可见，S12L201110105、G103L216110105等12个观测站点的年平均日交通量达到了10万pcu以上，前三名均在北京市。

表3-12　AADT值10万pcu以上的京津冀交调站点统计表

\multicolumn{7}{c}{AADT 10万pcu以上站点统计}
排名	站点编号	站点名称	行政区划	道路技术等级	车道数量	地貌	AADT（pcu）
1	S12L201110105	五元桥—北皋桥	北京市	高速公路	6	平原	228 125
2	G103L216110105	远通桥	北京市	高速公路	6	平原	181 578
3	G103L201110105	大望桥	北京市	高速公路	6	平原	151 390
4	S3L001120000	津滨K25+900	天津市	高速公路	6		147 614
5	S12L206110112	航空桥—温榆桥	北京市	高速公路	6	平原	137 617
6	G103L206110105	四惠	北京市	高速公路	6	平原	130 958
7	G6L201110114	京藏西三旗北站点	北京市	高速公路	4	平原	129 881
8	S234L201110115	红星派出所北侧	北京市	一级公路	6	平原	127 515
9	S32L206110113	机场南线管头桥西站点	北京市	高速公路	6	平原	109 328
10	G5L333130121	西柏坡互通	河北省	高速公路	6	山岭	106 841
11	S11L003120000	海滨K79+600	天津市	高速公路	6		106 170
12	G233L501120110	赵沽里	天津市	一级公路	8	平原	105 586

京津冀交通流的时变特征如图3-5所示。可见，高速公路和一级公路的交通流时变特征具有显著差异：

一是高速公路的交通流量显著高于一级公路的交通流量。

二是交通流的时变特征在不同等级公路上存在显著差异。一级公路的早高峰一般集中在8：00—9：00点之间，较早于高速公路的高峰11：00点左右。高速公路的晚高峰通常集中在17：00左右，较早于一级公路的晚高峰18：00—19：00点之间。

三是相对于天津市和河北省而言，北京市高速公路的早晚高峰时段持续时间较长，流量时变曲线的扁峰特征更加显著。

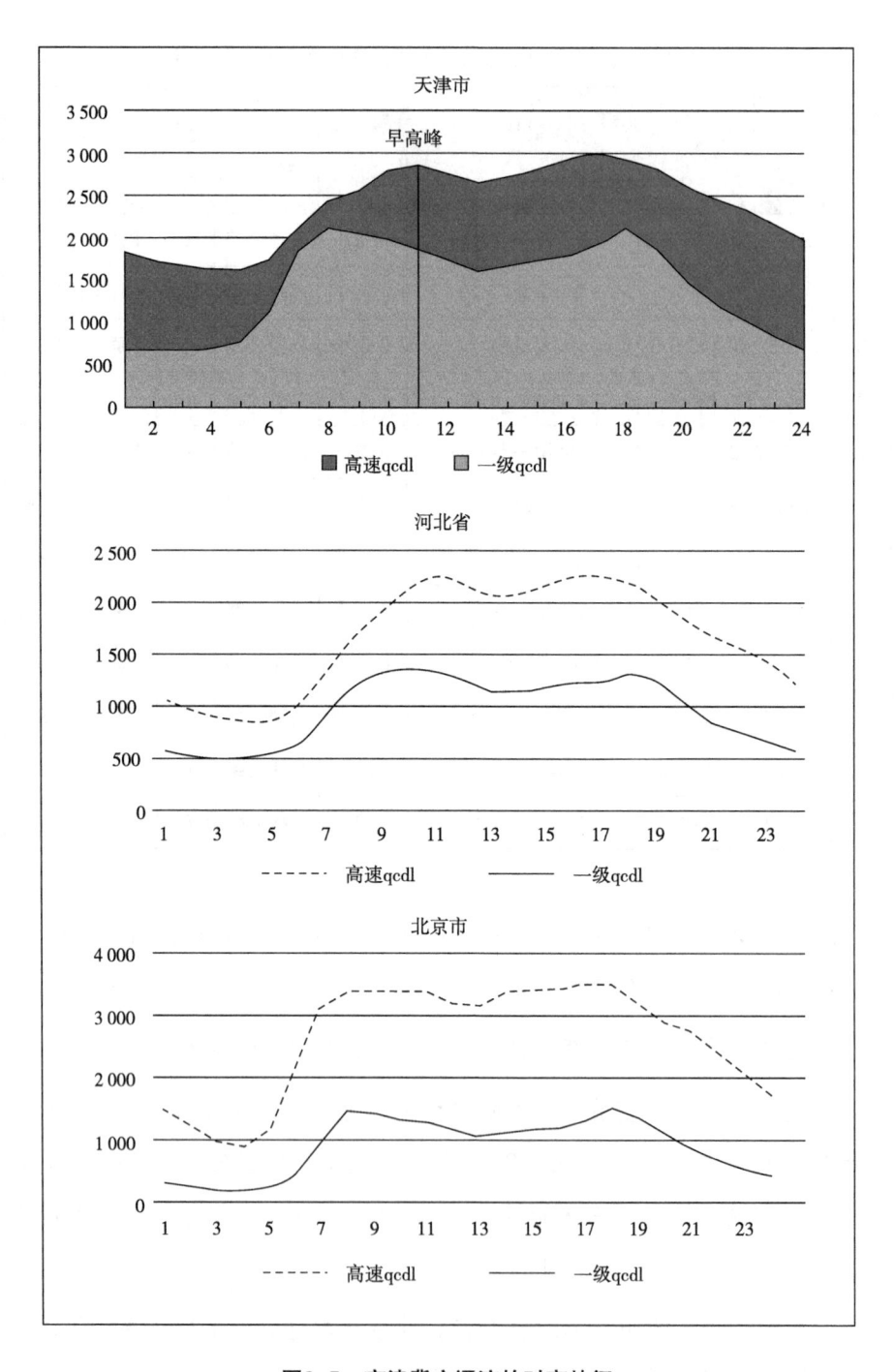

图3-5 京津冀交通流的时变特征

交通流中的货车占比在不同等级公路上的情况见图3-6。可见，在高速公路和一级公路上，北京市交通流货车比例较接近，均占20%左右。对于天津市而言，高速公路货车占比高达65%，而一级公路货车占比不到40%，两者之间有显著差异。河北省高速公路和一级公路的货车占比均比较高，占比分别约60%。

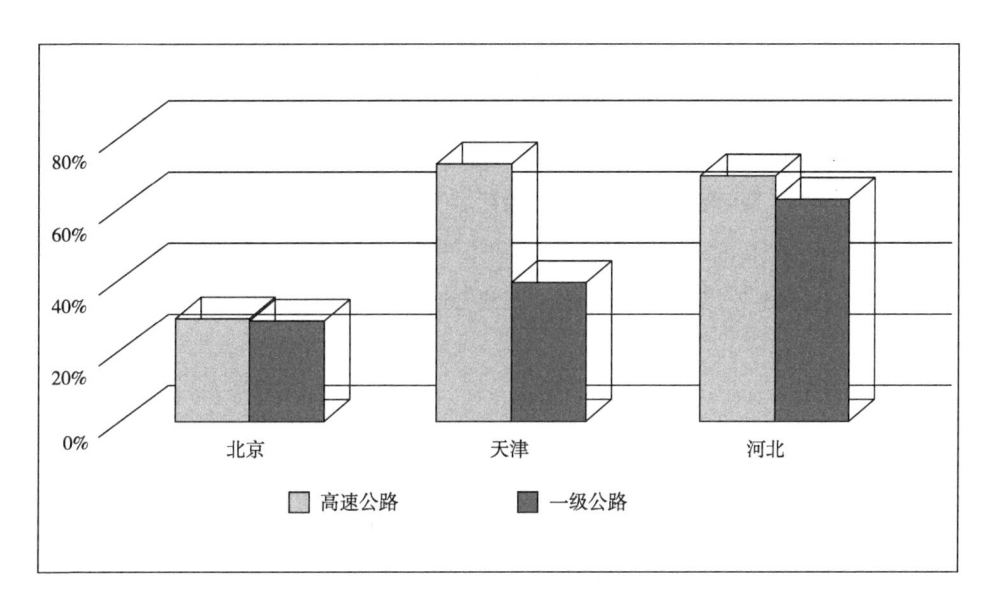

图3-6 京津冀交通流货车占比

河北省高速公路和一级公路平日和节假日交通流的时变特征如图3-7和图3-8所示。可见，该省高速公路和一级公路交通流的时变特征类似。平日和节假日交通流特征有显著差异。9月30日约14：00点起，小客车流量发生跳跃式增长，到17：00点左右达到顶峰，再逐步缓降；一直到24：00点，仍然保持着较大流量。

天津市高速公路交通流的日变特征如图3-9所示。从中可见，天津市高速公路平日和节假日交通流特征有显著差异。国庆节前一天，即9月30日的小客车流量发生激增。

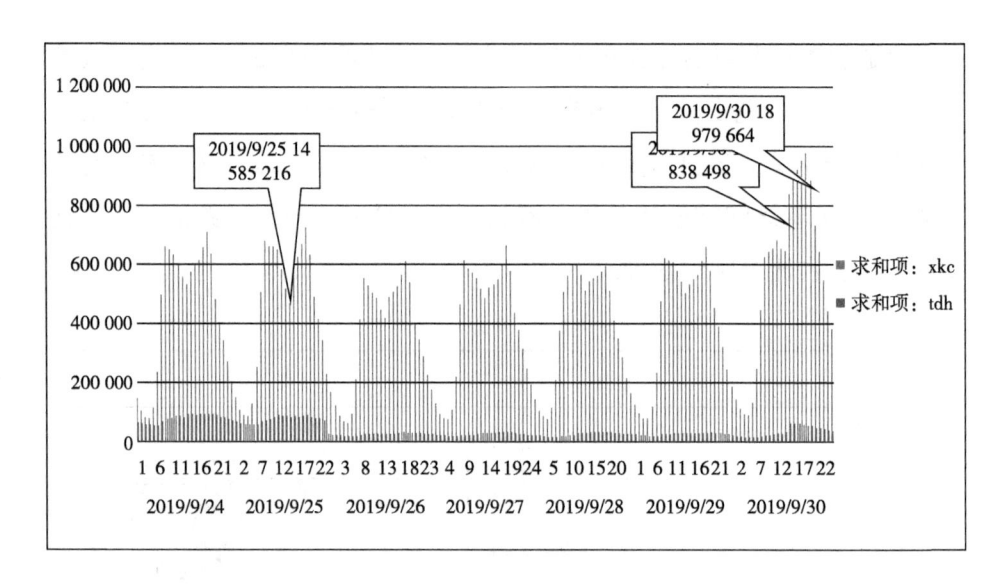

图3-7 河北省高速公路交通流的时变特征（平日/节假日）

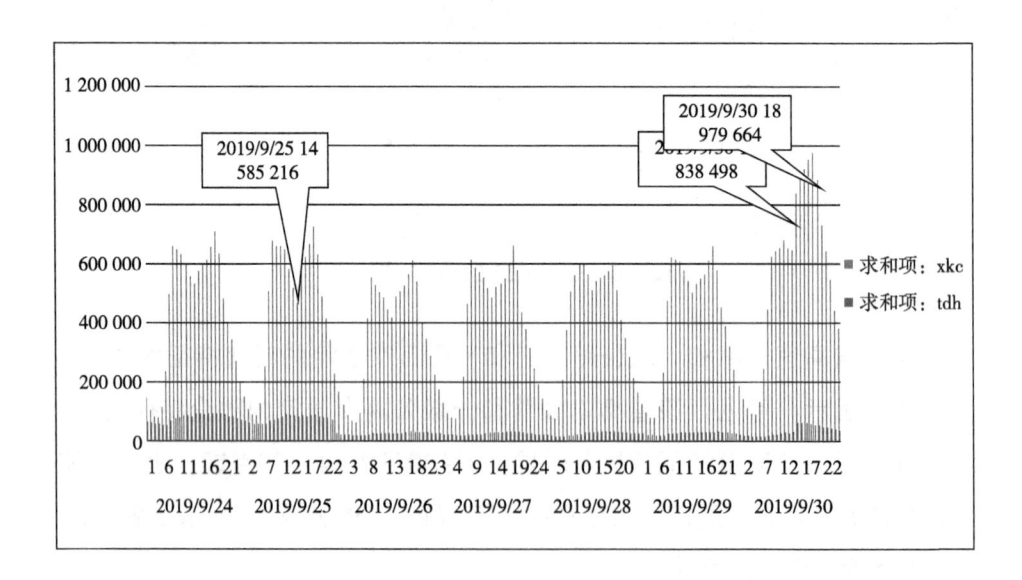

图3-8 河北省一级公路交通流的时变特征（平日/节假日）

天津市高速公路小客车和特大货车交通流的时变特征如图3-10所示。从中可见，小客车和特大货车交通流的时变特征有显著差异。在0：00到

5：00点之间，特大货车的出行比例较高。小客车交通流从6：00起逐步增长。小客车交通流的时变特征呈尖态分布，相比较而言，特大货车交通流的时变特征呈扁态分布。

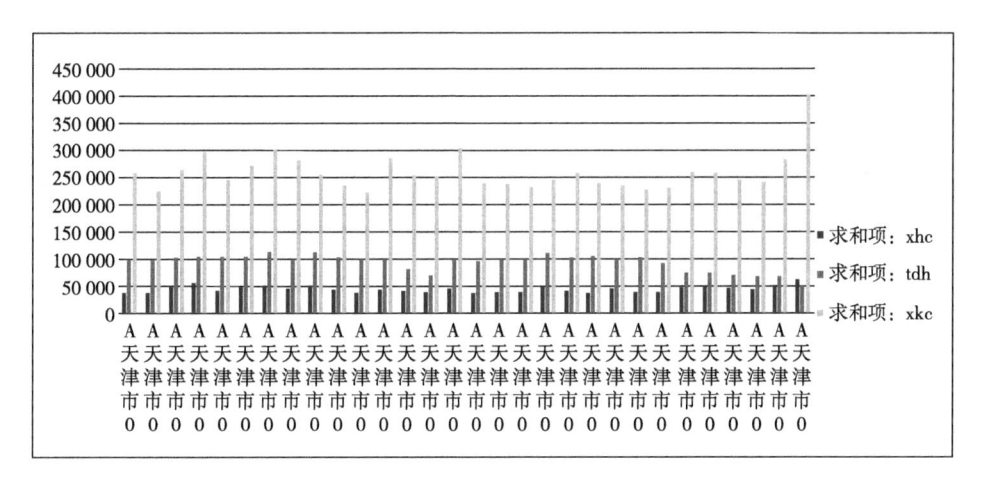

图3-9 天津市高速公路交通流的日变特征（平日/节假日）

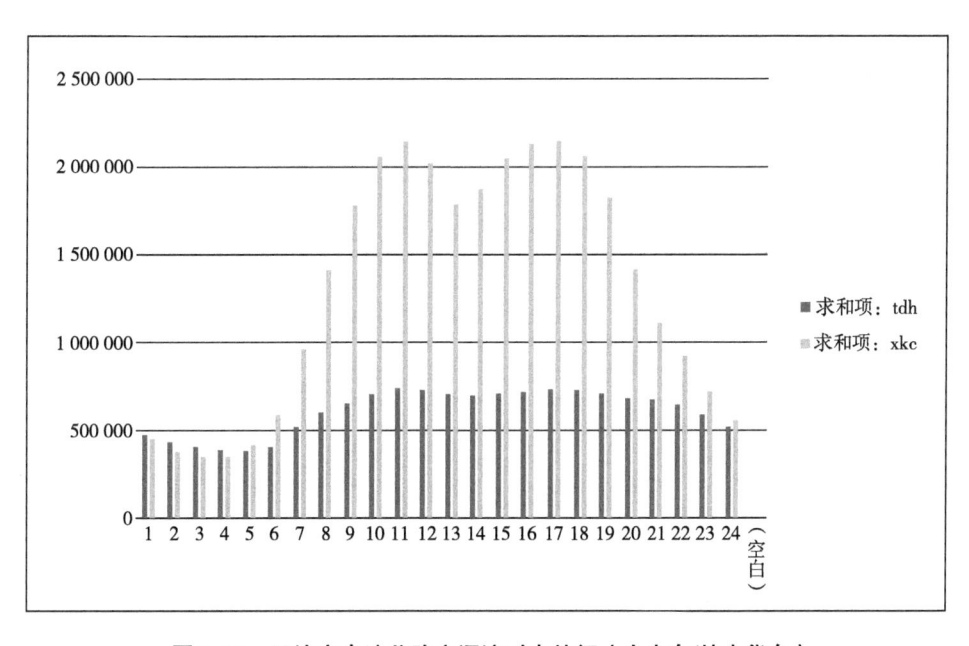

图3-10 天津市高速公路交通流时变特征（小客车/特大货车）

4

高等级公路交通流量和速度大数据自动化清洗技术、规则和流程设计

4 高等级公路交通流量和速度大数据自动化清洗技术、规则和流程设计

对基于交调数据的交通流量-速度关系模型的研究，首先需要进行的就是数据清洗。因为交调观测站点设备收集的数据数量庞大，而且往往都包含较多"脏"数据。数据清洗是指发现并纠正数据文件中可识别的错误的最后一道程序，包括检查数据一致性、处理无效数据、异常数据以及缺失值等。由于交调数据数量庞大，必须使用专门的处理软件对数据进行管理、清洗和存储等。本章首先介绍交通大数据挖掘中常用的软件工具，然后介绍数据质量分析的方法和清洗规则等。

4.1 交通大数据处理常用工具

交通大数据挖掘中常用的工具主要有Oracle、SQL Server、Kylin等数据库，SPSS Modeler、Smartmining等数据分析和建模工具，R、Python等编程软件，ArcGIS等空间数据处理工具。

4.1.1 SQL Server

数据库是处理交通大数据最重要的工具和平台之一。利用数据库，可以对数据进行存储、管理、查询和计算。数据库的使用是大数据处理的关键环节。

数据库是按照数据结构来组织、存储和管理数据的仓库。它产生于距今60多年前，随着信息技术和市场的发展，特别是20世纪90年代以后，数据管理已不再仅仅是存储和管理数据，而转变成满足用户需要的各种数据管理的方式。数据库有多种类型，从最简单的存储有各种数据的表格，到能够进行海量数据存储的大型数据库系统，在各个领域得到了广泛的应用。常见的数据库软件有Oracle、SQL Server、Kylin等。本书选择SQL

Server 数据库做简单介绍。

SQL Server 是美国 Microsoft 公司推出的一种关系型数据库系统。SQL 语句可以用来执行各种各样的操作，如更新数据库中的数据，从数据库中提取数据等。目前，绝大多数流行的关系型数据库管理系统，如 Oracle、Sybase、Access 等，都是采用 SQL 语言标准。虽然很多数据库都对 SQL 语句进行了再开发和扩展，但是包括 Select、Insert、Update、Delete、Create 以及 Drop 在内的标准的 SQL 命令仍然可以被用来完成几乎所有的数据库操作。

对于程序开发人员而言，目前使用最流行的两种后台数据库即为 MySQL 和 SQLServer。两者最基本的相似之处在于数据存储以及均属于查询系统，可以使用 SQL 来访问这两种数据库的数据，因为它们都支持 ANSI-SQL。还有，这两种数据库系统都支持二进制关键词和关键索引，大大加快了查询速度。此外，二者也都提供支持 XML 的各种格式。

4.1.2 SPSS Modeler

SPSS Modeler 是一组数据挖掘工具，通过这些工具，可以采用商业技术快速建立预测模型，并将其应用于商业活动，从而改进决策过程。

SPSS Modeler 提供了各种借助机器学习、人工智能和统计学的建模方法。通过建模选项板中的方法，可以根据数据生成新的信息以及开发预测模型，其具体特点如下：

（1）强大的数据读取功能；

（2）丰富的数据处理方法；

（3）图形化的数据探索方式；

（4）核心挖掘算法；

（5）简洁直观的模型评估；

（6）性能卓越的三层体系架构。

4.1.3　Python

Python 由荷兰数学和计算机科学研究学会的吉多·范罗苏姆于 20 世纪 90 年代初设计，作为 ABC 语言的替代品。Python 提供了高效的高级数据结构，还能简单有效地面向对象编程。Python 的语法和动态类型，以及解释型语言的本质，使它成为多数平台上写脚本和快速开发应用程序的编程语言，且随着版本的不断更新和语言新功能的添加，逐渐被用于独立的大型项目的开发。Python 的优势有以下几个方面。

4.1.3.1　有丰富和强大的数据库

Python 是一种相对来说比较简单、清晰的编程语言，可以轻松地将其他编程语言，如 C/C++ 的各种模块和链接联系在一起。

4.1.3.2　易于学习和使用

Python 另一个优势是其语言适合工作和家庭使用，学习起来比较简单，并且简化了很多不必要的符号，更便于程序员理解，即使是"小白"也能轻松上手。

Python 的用途也很广泛，可应用于爬虫、大数据、人工智能等方面。

（1）Python 可用于开发控制台的应用程序，如 Ipython 是交互式计算系统，包含增加的交互式 Python shell、双过程通信模型、交互式并行计算机架构，并且支持变量自动补全。

（2）Python 可用于 web 应用程序，如 django 框架、豆瓣、知乎等。

（3）Python，如大数据处理、可视化数据处理。

（4）Python 可用于黑客小工具，如断网攻击。

（5）Python 可用于多媒体开发，如 TimPlayer，cplay。

（6）Python 可用于系统编程，如 Windows 和 Linux 系统管理，可以提高效能。

4.1.4　ArcGIS

ArcGIS 是美国环境系统研究所公司（Environmental Systems Research Institute，Inc.，简称"ESRI 公司"）开发的一套能够满足不同用户需求、可自由伸缩的地理信息开发系列软件，可以安装在客户机、服务器以及移动智能设备终端上。

ArcGIS 与其他信息系统的最大区别，就是源空间数据库和数据处理系统支持空间，数据的采集、分析、建模和展示，以便解决复杂的规划和管理问题。常见的 GIS 基础数据有图像数据、CAD 数据、坐标位置数据以及城市规划图、地质资源分布图等。

4.2　数据质量分析和清洗规则制定

4.2.1　数据质量分析

数据质量分析是数据挖掘中数据准备过程一个很重要的阶段，是数据预处理的前提，也是数据挖掘分析结论有效性和准确性的基础。在进行数据分析之前，需要对数据进行清洗、集成、转换等处理，以提高数据的质量。对于内容未知和不一致的数据，通常需要人工识别，进而才能确定数据处理方法。数据质量分析的主要任务是检查原数据中是否存在脏数据。所谓脏数据，是指不符合研究要求以及不能直接进行相应分析的数据。常见的脏数据有缺失值、异常值、不一致的值等。

4.2.1.1 数据缺失

数据的缺失一般是指观测的缺失和观测中变量值的缺失，两者都会造成数据规律更难把握、建模过程陷入混乱和分析结果不准确等。缺失值产生的原因主要有三种：有些数据暂时无法获取，或获取信息的代价太高；可能因为人为因素，信息被遗漏，如收集信息不认真、忘记填写信息等，也可能是机器故障等非人为因素导致；还有一种可能，是缺失值本身就不存在。缺失值的分析主要包括：识别缺失值的属性个数，每个属性的未缺失值个数、缺失值个数以及缺失率，等等。缺失值的处理方法有删除存在缺失值的记录、对可能值进行插值、对缺失值不做处理等。在实际操作中，通常是根据研究的实际需要，选取合适的处理方法。

4.2.1.2 异常值

异常值在统计学上的全称是疑似异常值，是指样本中那些数值明显偏离其余数值的样本点，也称作离群点，即非正常或者不合常理的数据。异常值识别就是要将这些离群点找出来，然后进行分析。

（1）异常值的鉴别标准。对不同的数据，异常值的鉴别有不同的标准，常规标准有以下几种。

①数字超过某个标准值。这是最常用的异常值判断方法之一，主要是依据专业知识或个人经验，判断数据中的最大值或最小值是否超过了理论

范围值，数据中有没有明显不符合实际情况的错误。

②偏差大于 3 倍标准差的值。3σ 原则在数据服从正态分布的时候用得比较多。在这种情况下，异常值被定义为一组测定值中与平均值的偏差超过 3 倍标准差的值。在进行数据处理时，按照正态分布的性质，超出三个标准差以外的数据，都可以被看作是错误的数据从而排除掉。

（2）异常值的鉴别方式。异常值的鉴别方式有箱盒图、描述性分析以及散点图等。

①箱盒图。箱盒图很适合鉴别异常值，其具体的判断标准是计算出数据中的最小估计值和最大估计值。如果数据超过这一范围，说明该值可能为异常值。箱盒图会自动标出此范围，异常值则用圆圈表示。

②描述性分析。描述性分析可以得到数据的最大值、最小值、四分位值等。通过描述性分析查看数据中有无极端值，并将极端值剔除。不过，描述性分析没有箱盒图展现直观，一般是初步筛查时使用。

③散点图。散点图通过展示两组数据的位置关系，可以清晰直观地显示出哪些值是离群值。异常值会改变数据间的关系，通常在研究数据关系（如进行回归分析）前，都会先做散点图，以观察数据中是否存在异常值。

4.2.1.3　不一致性的值

数据不一致性是指数据的矛盾性、不相容性。产生数据不一致的原因主要有以下三种：一是数据冗余；二是并发控制不当；三是各种故障、错误。

4.2.2 数据清洗规则

4.2.2.1 针对数据缺失值的数据清洗规则

数据缺失现象的发生会对后期的数据处理和分析带来不良影响。数据缺失主要有三种常用解决办法：一是设计不同算法，对数据的可能值进行插补。二是删除存在缺失值的整条记录。当缺失值所占比例较低或者有效样本数据量足够大时，可以采用此方法。这一方法是通过减少样本数据量来换取数据的完整性。三是不做任何处理。

交调数据发生缺失，主要有如下几种情况：

一是在交调站点表格里存在某些观测站由于设备故障或者其他原因所致，在交调流速数据表格中没有与这些观测站点对应的流量和速度数据。例如，随机选取行政区划代码为 140226 的区县，并从交调站点表格中查询到该区县共有 16 个观测站。但在交调流速数据表格中，只有 15 个站点的流速数据，缺少名为“左云北站”的观测站的流速数据，如图 4–1 所示。

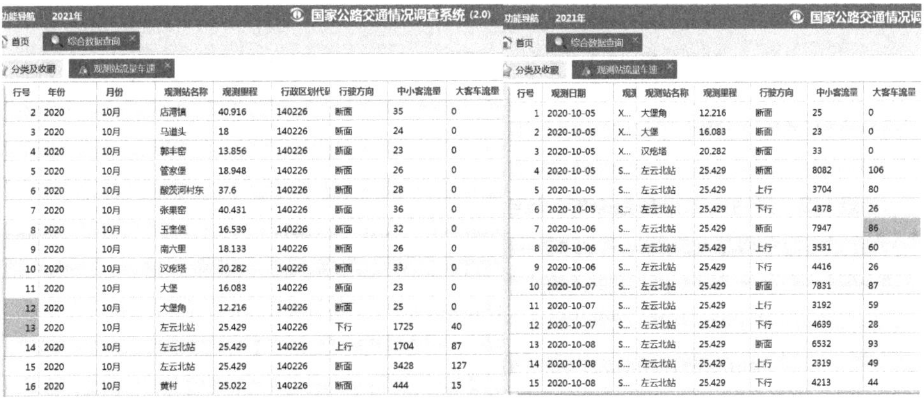

行号	年份	月份	观测站名称	观测里程	行政区划代码	行驶方向	中小客流量	大客车流量
2	2020	10月	店湾镇	40.916	140226	断面	35	0
3	2020	10月	马道头	18	140226	断面	24	0
4	2020	10月	郭丰窑	13.856	140226	断面	23	0
5	2020	10月	管家堡	18.948	140226	断面	26	0
6	2020	10月	酸茨河村东	37.6	140226	断面	28	0
7	2020	10月	张果窑	40.431	140226	断面	36	0
8	2020	10月	玉堂堡	16.539	140226	断面	32	0
9	2020	10月	南六里	18.133	140226	断面	26	0
10	2020	10月	汉疙塔	20.282	140226	断面	33	0
11	2020	10月	大堡	16.083	140226	断面	23	0
12	2020	10月	大堡角	12.216	140226	断面	25	0
13	2020	10月	左云北站	25.429	140226	下行	1725	40
14	2020	10月	左云北站	25.429	140226	上行	1704	87
15	2020	10月	左云北站	25.429	140226	断面	3428	127
16	2020	10月	黄村	25.022	140226	断面	444	15

行号	观测日期	观测	观测站名称	观测里程	行驶方向	中小客流量	大客车流量
1	2020-10-05	X...	大堡角	12.216	断面	25	0
2	2020-10-05	X...	大堡	16.083	断面	23	0
3	2020-10-05	X...	汉疙塔	20.282	断面	33	0
4	2020-10-05	S...	左云北站	25.429	断面	8082	106
5	2020-10-05	S...	左云北站	25.429	上行	3704	80
6	2020-10-05	S...	左云北站	25.429	下行	4378	26
7	2020-10-06	S...	左云北站	25.429	断面	7947	86
8	2020-10-06	S...	左云北站	25.429	上行	3531	60
9	2020-10-06	S...	左云北站	25.429	下行	4416	26
10	2020-10-07	S...	左云北站	25.429	断面	7831	87
11	2020-10-07	S...	左云北站	25.429	上行	3192	59
12	2020-10-07	S...	左云北站	25.429	下行	4639	28
13	2020-10-08	S...	左云北站	25.429	断面	6532	93
14	2020-10-08	S...	左云北站	25.429	上行	2319	49
15	2020-10-08	S...	左云北站	25.429	下行	4213	44

图4–1 连续交调站点分布情况

进一步，可归纳数据清洗规则1，即数据缺失率计算规则，如表4-1所示。

表4-1 数据清洗规则1：数据缺失率

| 按"观测站编号（gczbh）"变量，关联"交调站点属性表"和"交调流速数据总表"，得到"交调关联表1"，计算数据缺失率，检查数据完整性。 |

二是某些连续观测站的数据调查类型非设备采集，而是人工采集。通常人工采集的流速数据在时间上不连续，只调查部分时间段的流速数据，而且只能调查流量数据，无法获取车辆速度数据。例如，随机选取山西省10月份交调数据，发现共有67个连续站点和对应的流速数据。其中，6个站点的单向流速数据为共4 432条记录（传输数据以5分钟为最小单位）均采用人工调查方法采集，如表4-2和表4-3所示。10月份每个站点的流速数据约740条记录，并且6个站点每天的流速数据量稳定在140条记录左右。可见，表4-2和表4-3中的数据是采用人工采集方法，每天只采集了约2小时的数据。模型标定时需要删除上述4 432条记录，因为这些数据无对应的速度数据，若直接进行计算，会带来较大误差。其他61个站点流速数据的采集则采用了自动设备，大约有55万多条记录。由于这6个站点的流速数据占比不到1%，可采用直接删除整条记录的方式来换取数据的完整性。

表4-2 采用人工采集数据的6个连续交调站点流速数据记录（2019年10月份）

观测站点标识	数据
00002012041608505884710exn5a6x	736
14000020120412204940202001114454	744
14000020120412204940202001114733	744
14000020120412204940202001115990	744

4 高等级公路交通流量和速度大数据自动化清洗技术、规则和流程设计

续 表

观测站点标识	数据
14000020120412204940202001118815	720
14000020120412204940202001120936	744
总计 4 432	

表4-3 人工采集流速数据的日分布表（6个站点）

采集日期	数量	采集日期	数量	采集日期	数量	采集日期	数量	采集日期	数量
2020/10/1	119	2020/10/8	144	2020/10/15	144	2020/10/22	144	2020/10/29	144
2020/10/2	144	2020/10/9	144	2020/10/16	144	2020/10/23	144	2020/10/30	144
2020/10/3	144	2020/10/10	143	2020/10/17	144	2020/10/24	144	2020/10/31	144
2020/10/4	144	2020/10/11	144	2020/10/18	144	2020/10/25	141		
2020/10/5	144	2020/10/12	144	2020/10/19	144	2020/10/26	144		
2020/10/6	144	2020/10/13	143	2020/10/20	144	2020/10/27	144		
2020/10/7	144	2020/10/14	142	2020/10/21	144	2020/10/28	144		

进一步，可归纳数据清洗规则2，即根据某些关键变量的取值过滤数据，如表4-4所示。

表4-4 数据清洗规则2：按关键变量取值过滤数据

按"交调关联表1"中的关键变量"调查数据类型"（dcsjlx）的取值过滤数据，剔除dcsjlx=0（0表示自动设备采集方式）以外的其他取值记录，以免干扰模型构建环节。

三是有一些观测站的数据虽采集方式是设备自动采集，但仍然存在只有流量没有速度的情况。没有速度的数据是无法进入模型参数标定环

节的，因此，可归纳数据清洗规则3，即剔除小客车车速'xkcs'、大客车车速'dkcs'、小货车车速'xhcs'、中货车车速'zhcs'、大货车车速'dhcs'和特大货车车速'tdhs'等6个变量取值同时为空缺的数据，如表4-5所示。

表4-5 数据清洗规则3

| 在"交调关联表1"中，剔除'xkcs'、'dkcs'、'xhcs'、'zhcs'、'dhcs'和'tdhs'等6个变量的取值同时为空缺的记录。 |

四是在较多条记录中，小客车、大客车、小货车、中货车、大货车和特大货车等6种车型中的若干车型没有对应的流量和速度数据。这是由于某些观测站点在某些时段确实不存在个别车型的行驶记录。例如，随机选取山西省10月份的交调流速数据，发现约1 523条记录中的小客车和大客车的流量均为空缺，其数据分布情况如表4-6所示。可见，约25个站点都存在部分时段客车流量空缺的情况。进一步，观察空缺数据的时变特征，如图4-2所示，可见，客车流量为空缺的数据主要发生在交通流低峰时段24：00—5：00，基本符合客观规律，因此，无需做任何缺失值处理工作。

表4-6 小客车和大客车流量空缺的交调站点分布

观测站标识	客车流量空缺记录
140000201204122049402020000107247	187
140000201204122049402020000113984	15
140000201204122049402020000113989	8
140000201204122049402020000113990	142
140000201204122049402020000114112	1

4 高等级公路交通流量和速度大数据自动化清洗技术、规则和流程设计

续 表

观测站标识	客车流量空缺记录
1400002012041220494020200001141114	20
1400002012041220494020200001144436	4
1400002012041220494020200001144438	14
1400002012041220494020200001147709	325
1400002012041220494020200001147776	3
1400002012041220494020200001147777	102
1400002012041220494020200001147778	1
1400002012041220494020200001148819	24
1400002012041220494020200001154429	45
1400002012041220494020200001156623	97
1400002012041220494020200001156673	3
1400002012041220494020200001157766	16
1400002012041220494020200001161226	2
1400002012041220494020200001189979	99
1400002012041220494020200001189983	87
1400002012041220494020200001191109	14
1400002012041220494020200001209912	240
1400002012041220494020200001209915	14
1400002012041220494020200001209932	57
1400002012041220494020200001209933	3
总　　计	1 523

51

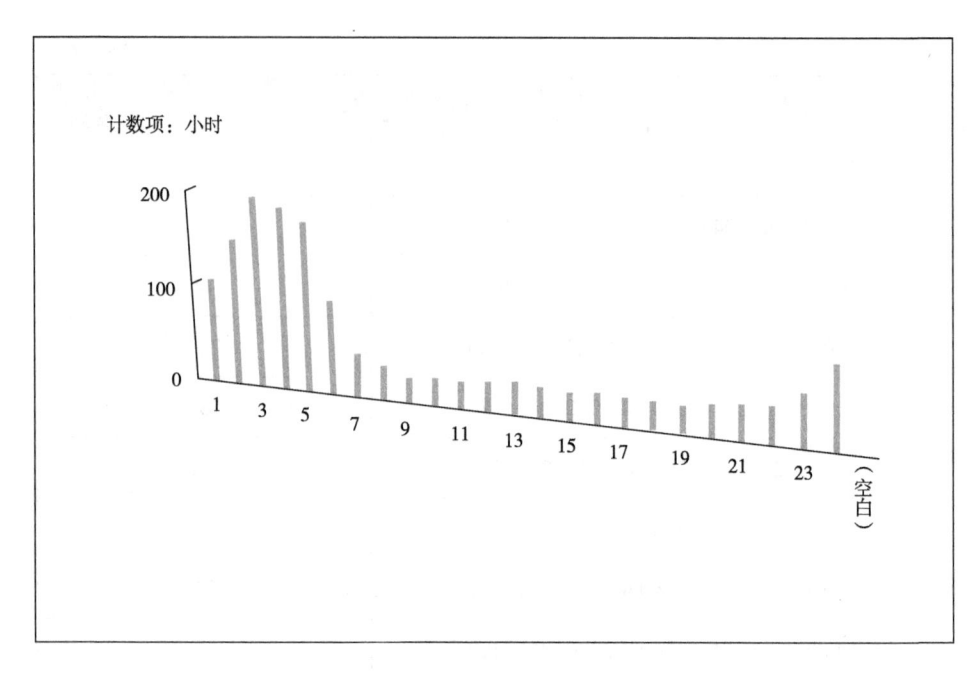

图4-2 空缺数据的时变特征（客车流量空缺）

五是在交调站点属性数据中，约30%的交调站点地貌特征变量的取值为空缺，如表3-10所示。因此，可归纳数据清洗规则4，即剔除"dm=空缺"的记录，如表4-7所示。

表4-7 数据清洗规则4

在"交调关联表1"中，剔除"dm=空缺"的记录。

4.2.2.2 针对数据异常值的数据清洗规则

交调数据发生异常值的情况主要有如下几种：

一是在交调流速数据中，个别指标值存在大量重复情况。例如，随机选取山西省10月份的交调流速数据，发现779条记录中的货车车速均为99公里/小时。进一步分析发现，上述异常数据全部

4 高等级公路交通流量和速度大数据自动化清洗技术、规则和流程设计

来自 2 个观测站点，其数据分布情况如表 4-8 所示。可见，观测站 140000201204122049402020000114676 有 703 条异常数据，即此站点 10 月份全部货车车速均为 99 公里/小时，不符合客观规律；观测站 140000201204122049402020000113985 是连续交调站点，但在 10 月份只采集了 76 条流速数据，且对应的货车车速全部为 99 公里/小时，不符合客观规律，需剔除干扰数据。

表4-8 货车车速异常值的交调站点分布情况

观测站标识	货车车速为 99 公里/小时的频数
140000201204122049402020000113985	76
140000201204122049402020000114676	703
总　计	779

进一步，归纳数据清洗规则 5，即剔除某个变量值大批量重复的记录。

表4-9 数据清洗规则5

在"交调关联表 1"中，计算 'xkc', 'dkc', 'xhc', 'zhc', 'dhc', 'tdh', 'xkcs', 'dkcs', 'xhcs', 'zhcs', 'dhcs' 和 'tdhs' 等 12 个变量的数据频数表，删除大量重复频数所在记录。

二是在交调站点属性数据中，车道数量、公路设计速度、地貌等关键变量的取值存在异常值。由前面的表 3-7 可知，交调站点的车道数量以 2、4、6、8 车道为主，占比约为 98%。除此之外，还存在车道数量为 0、1、3、5、7、9、10、12、14、18 等少量异常情况。由前面的表 3-8 可知，公路设计速度以常规的 60 公里/小时、80 公里/小时、100 公里/小时、120 公里/小时为主，占比约为 97%。除此之外，还存在约 3% 的异常值，即公路设计速度为 11 公里/小时、24 公里/小时、180 公里/小时等情况。由前面的表 3-9 可知，在 4 977 个站点中，约 2 000 个站点的地貌为

平原，占比约为40%；约900个站点的地貌为微丘，占比为18%；约200个站点的地貌为重丘，占比为4%；约300个站点的地貌为山岭，占比为6%。除此之外，还有3个站点的地貌特征分别为草原、沙漠和河流，其样本量过小，并且无代表性，需剔除该干扰项。因此，可归纳数据清洗规则6，如表4-10所示。

表4-10　数据清洗规则6

在"交调关联表1"中，筛选"cdsl=2、4、6、8"、"sjsd=120、100、80、60"、"dm=11、12、13、14"的数据记录，删除其余情况。

三是在交调流速数据表中，交通流量和速度存在异常大或异常小等不合理情况。例如，观测站G108L211110109的流速关系如图4-3所示。从中可见，有些车辆速度已经超过公路实际自由流速度66公里/小时，并且在交通量较低的情况下仍然存在一定数量的交通流速度低于50公里/小时的情况。因此，可归纳数据清洗规则7，如表4-11所示。

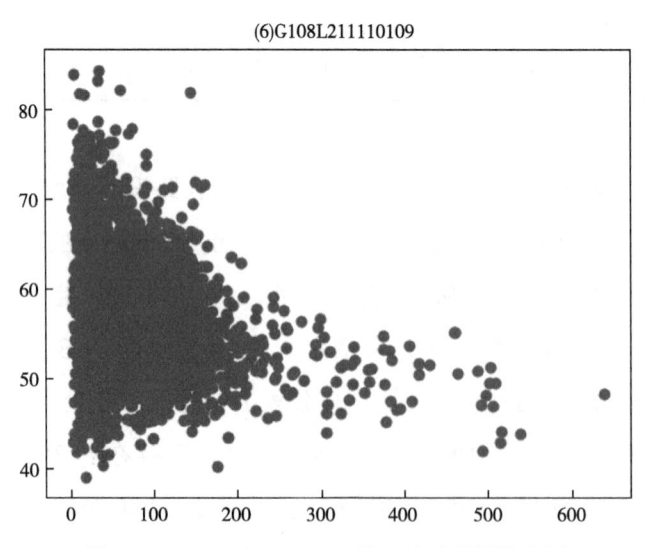

图4-3　G108L211110109站点流速数据散点图

4 高等级公路交通流量和速度大数据自动化清洗技术、规则和流程设计

表4-11　数据清洗规则7

剔除车辆速度大于实际自由流速度的数据；剔除车辆速度过小（高速公路速度低于60公里/小时，一级公路速度低于50公里/小时）且交通流量过小的数据（以二级服务水平对应的流量为基准，即取高速公路系数k1=0.35、一级公路系数k2=0.3）。

四是在交调流速数据表中，交通流速度存在异常情况。例如，观测站G45L551130982的流速关系如图4-4所示，从中可见，交通流量接近0处出现了交通流速度离群的情况。因此，可归纳数据清洗规则8，如表4-12所示。

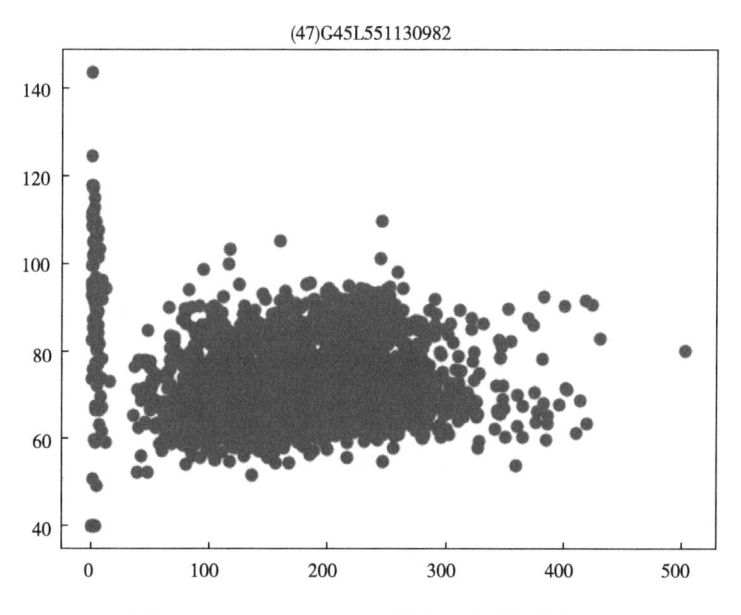

图4-4　G45L551130982站点流速数据散点图

表4-12　数据清洗规则8

剔除交通流量等于0时所对应的速度数据。

4.2.2.3 数据的归一化处理

数据的归一化处理的算法：

$$X_i = (X - \min(X)) / (\max(X) - \min(X))$$

各类车型的流量时变特征及归一化处理后的对比情况如图4-5所示。从中可见，小客车流量（xkc）远远高于其他车型，导致各车型流量数据没有可比性。因此，在数据特征挖掘和可视化展示需求中可做归一化处理。因此，可制定数据清洗规则9，如表4-13所示。

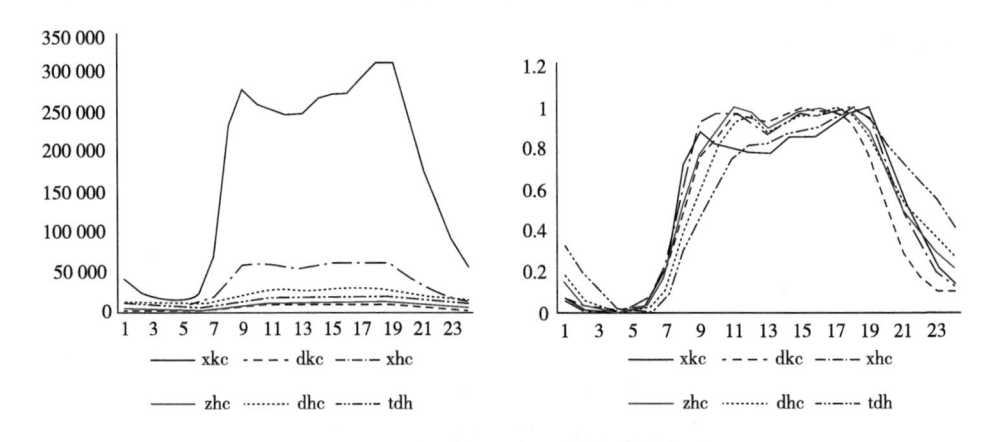

图4-5 交通流量数据的归一化处理

表4-13 数据清洗规则9

对"交调关联表1"中的 'xkc', 'dkc', 'xhc', 'zhc', 'dhc', 'tdh' 等6个变量做归一化处理，产生 'xkcgy', 'dkcgy', 'xhcgy', 'zhcgy', 'dhcgy', 'tdhgy' 等6个新变量。

4.3 交调数据自动化清洗的流程设计

4.3.1 数据清洗的基本流程

数据清洗的基本流程一共分为 5 个步骤，分别是数据质量分析、搜寻并确定错误实例、定义数据清洗规则、纠正发现的错误以及干净数据回流，如图 4-6 所示。

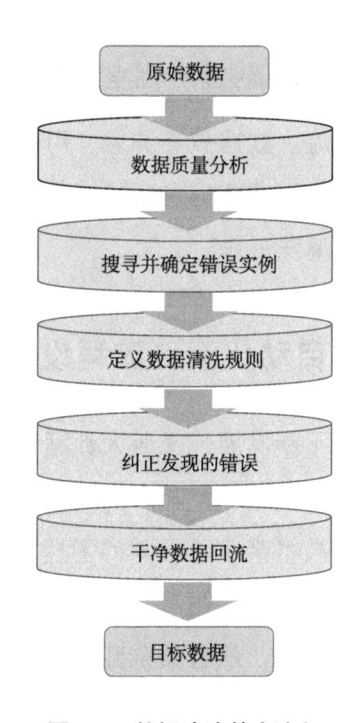

图4-6 数据清洗基本流程

第一步，数据质量分析，这是数据清洗的前提和基础，通过人工检测或者计算机分析程序的方式对原始数据源的数据进行检测分析，从而得出原始数据源中存在的数据质量问题。

第二步，搜寻并确定错误实例，步骤包括自动检测属性错误和检测重复记录的算法。手工检测数据集中的属性错误需要花费大量的时间、精力以及物力，并且该过程本身也很容易出错，所以需要使用高效的方法自动检测数据集中的属性错误，主要检测方法有基于统计的方法、聚类方法和关联规则方法。

第三步，根据数据质量分析和由搜寻错误实例得出的数据源个数和数据源中的"脏"数据程度，定义数据清洗策略和规则，并选择合适的数据清洗算法。

第四步，纠正发现的错误，即根据"脏"数据的不同存在形式，执行相应的数据清洗和转换步骤，解决原始数据源中存在的质量问题。

第五步，干净数据回流。数据被清洗后，用干净的数据替代原始数据源中的"脏"数据，这样可以提高信息系统中数据的质量，还可避免将来再次抽取数据后重复进行清洗工作。

4.3.2 交调数据自动化清洗流程设计

随着智能交通技术的不断发展，交通大数据已经成为经济、社会的基础性资源，其应用领域非常广泛。但随之而来的交通大数据中的噪声数据也越来越多，给数据清洗技术带来了巨大的困扰，使得本领域内的技术人员不得不花费大量的时间来进行数据清洗作业。大数据清洗已成为最耗费人力和物力的一项基础性工作，从各类杂乱无章的交通大数据中快速挖掘和获取具有针对性的、有价值的信息，已成为各行各业交通大数据处理技术最常见的诉求。

从大数据中获得有价值的信息往往需要从三个方面入手，分别为数据采集、数据分析和处理、数据验证。数据采集的质量对于后续数据价值化具有非常关键的影响，是保障数据质量的第一步。数据采集完成后，数据

4 高等级公路交通流量和速度大数据自动化清洗技术、规则和流程设计

分析和处理就成为大数据价值化的核心步骤。不经过科学的数据清洗过程，将对后续数据应用带来巨大干扰。数据清洗完毕后，到数据价值化之前，还需要对数据进行初步验证，包括算法验证和场景探索性验证等。

根据上面两节的相关分析，本节设计了交调数据自动化清洗的方法和流程，它们能够较好地减少人力消耗，提高应用效率。具体流程包括以下16个步骤：

S1：合并多个"交调流速数据分表"，得到"交调流速数据总表"。

S2：按"观测站编号（gczbh）"变量，关联"交调站点属性表"和"交调流速数据总表"，得到"交调关联表1"。

S3：在"交调关联表1"中，保留'year'、'gcrq'、'gczbs'、'gczbh'、'hour'、'minute'、'xsfx'、'gczlx'、'dcsjlx'、'jsdj'、'sjsd'、'dm'、'xzqhdm'、'xzqhmc'、'cdh'、'cdsl'、'xkc'、'dkc'、'xhc'、'zhc'、'dhc'、'tdh'、'xkcs'、'dkcs'、'xhcs'、'zhcs'、'dhcs'和'tdhs'等28个变量，剔除其他变量。

S4：在"交调关联表1"中，筛选"gczlx=L"、"xsfx=S"、"jsdj=0、1"、"dcsjlx=0"、"sjsd=120、100、80、60"、"cdsl=2、4、6、8"和"dm=11、12、13、14"的数据记录。

S5：在"交调关联表1"中，剔除"dm=空缺"以及'xkcs'、'dkcs'、'xhcs'、'zhcs'、'dhcs'和'tdhs'等6个变量同时为空缺的数据。

S6：在"交调关联表1"中，计算'xkc'、'dkc'、'xhc'、'zhc'、'dhc'、'tdh'、'xkcs'、'dkcs'、'xhcs'、'zhcs'、'dhcs'和'tdhs'等12个变量的数据频数表，删除大量重复频数所在记录。

S7：在"交调关联表1"中，剔除交通流量等于0时所对应的速度数据。

S8：在"交调关联表1"中，直接合并'jsdj'、'dm'和'sjsd'等三个变量名称，生成新的一列变量"jsdjdmsjsd"。

S9：按"jsdjdmsjsd"变量，关联"交调关联表1"、"实际自由流速度表格"和"实际通行能力表格"，得到"交调关联表2"。

S10：在"交调关联表2"中，将'xkc'、'dkc'、'xhc'、'zhc'、'dhc'、'tdh'6个变量值转换为当量数据，生成"客车当量（kcdl）"、"货车当量（hcdl）"和"汽车当量（qcdl）"3个新变量。

S11：在"交调关联表2"中，剔除流量和速度的异常值。剔除速度大于实际自由流速度的数据；剔除速度过小（高速公路速度低于60公里/小时，一级公路速度低于50公里/小时）且流量过小的数据（二级服务水平对应的流量，即高速公路系数k_1=0.35、一级公路系数k_2=0.3）。

S12：在"交调关联表2"中，按照"cdh"变量合并数据。

S13：在"交调关联表2"中，按照'gczbh'、'gcrq'、'hour'和'minute'等变量，将5分钟的流速数据合并为15分钟为单位的流量数据和速度数据。

S14：在"交调关联表2"中，根据'xkcs'、'dkcs'、'xhcs'、'zhcs'、'dhcs'和'tdhs' 6个速度变量，生成"客车车速（kccs）"、"货车车速（hccs）"和"汽车车速（qccs）"3个新变量。

S15：在"交调关联表2"中，根据流速散点图曲线走势，删除毫无规律以及交通流速度随着流量增加而上升的站点数据。

S16：对"交调关联表1"中的'xkc'、'dkc'、'xhc'、'zhc'、'dhc'、'tdh' 6个变量做归一化处理，产生'xkcgy'、'dkcgy'、'xhcgy'、'zhcgy'、'dhcgy'、'tdhgy' 6个新变量。

5

流量-速度关系模型适用条件划分的研究

5.1 流速关系区域间差异性分析

这里采用方差分析方法分析流量速度关系的区域间差异性,识别区域特性与交通流特性之间的联动关系,提高交通流速关系的可移植性。

若将不同客货车比例下的车辆速度与平均车速之间的差异记为总体差异SST(sum of squares for total),则该差异由两部分组成:一部分是车辆个体的车速差异SSWG(sum of squares for within-group),另一部分是不同客货车比例间的车速差异SSBG(sum of squares for between-group),即系统误差所致的差异。

根据上述定义,SST、SSWG 和 SSBG 的计算公式如下,

$$\text{SST} = \sum_{i=1}^{g} \sum_{j=1}^{n_i} (f_{ij} - \bar{\bar{f}})^2$$

$$\text{SSWG} = \sum_{i=1}^{g} \sum_{j=1}^{n_i} (f_{ij} - \bar{f_i})^2$$

$$\text{SSBG} = \sum_{i=1}^{g} n_i (\bar{f_i} - \bar{\bar{f}})^2$$

其中,f_{ij} 为第 i 组的第 j 时刻车速;

$\bar{f_i}$ 为第 i 组的平均车速;

$\bar{f}$ 为全体组别的平均车速,即 $\bar{f} = \dfrac{\sum_{i=1}^{g} \sum_{j=1}^{n_i} f_{ij}}{n}$;

n 为全体数据量;

n_i 为第 i 组的数据量;

g 为组数。

另外，为消除出行者数量的多少对差异大小的影响，将上述二式除以其各自的自由度，得到：

$$MSWG = \frac{SSWG}{n-g}$$

$$MSBG = \frac{SSBG}{g-1}$$

其中，$n-g$ 为 MSWG 的自由度；

$g-1$ 为 MSBG 的自由度。

进一步，得到出行频数差异性的检验统计量，即：

$$F = \frac{SSBG}{SSWG}$$

通过将 F 统计量的计算值和临界值进行比较，可以确定不同客货车比例下车辆速度的差异性。

当交通量较小时，不同车辆以各自的畅行速度行驶，但随着交通量的增大，不同车辆的行驶速度相互干扰，对整体车速会产生显著影响。因此，本书选取高峰时段（即9点钟）的流速数据，区域选取云南省、湖南省和山西省等三个省份，观察不同区域的车速是否存在显著的差异。

方差分析结果如表 5-1 所示。可以看到，三个省份 9 点钟的车速有显著差异，且差异的 62% 来自区域间差异，且不是随机误差所致。

表5-1 方差分析表

SSA	1 544 879.15
SSE	1 680 914.6
F	2 167.62
F0.05（2,4 717）	2.99
R^2	0.62

进一步分析云南省、湖南省和山西省的样本数据分布情况，如图5-1所示，可以看到，这三个省特大货车比例分别为5.04%、16.19%和24.76%，三者之间差距较大。因此，区域间差异性有可能与区域大货车占比相关。

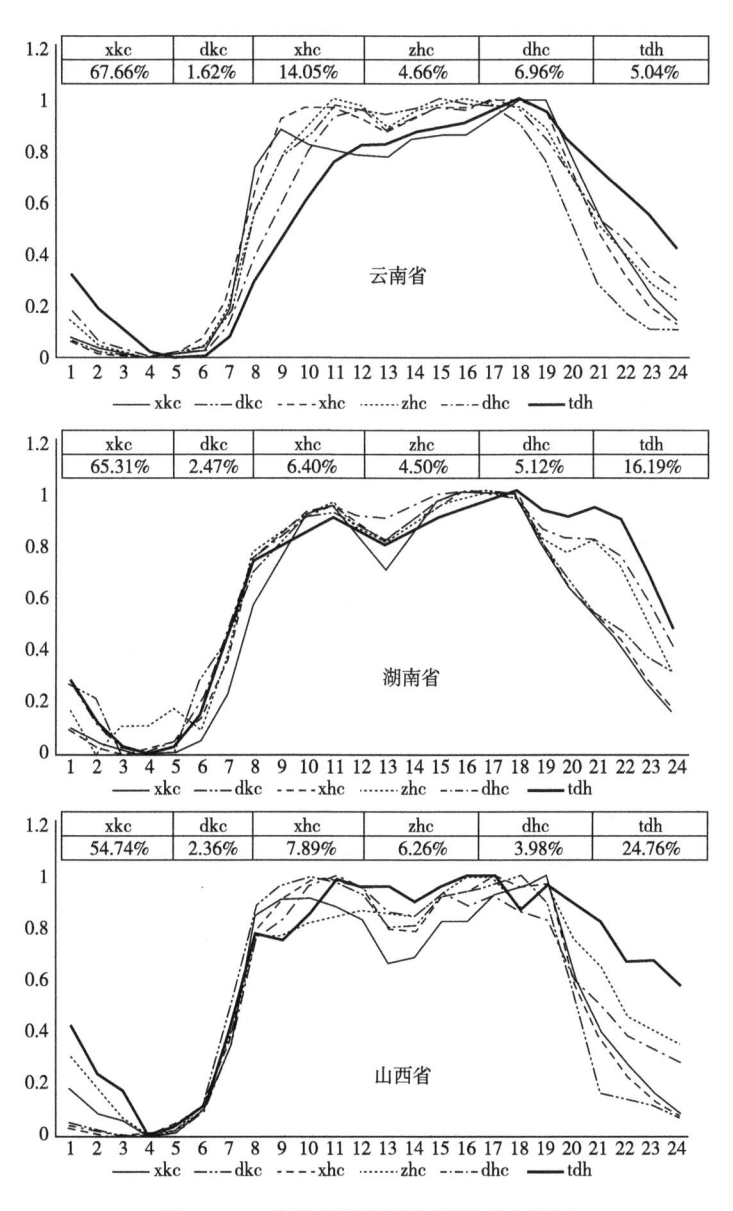

图5-1 三省份不同车型交通量时变特征

5.2 流速关系的影响因素分析

交通运输部公路规划设计院在《山区公路技术经济指标》研究中提出，交通流速关系的主要影响因素包括地形及道路几何特性、车辆特性、非机动车的混入、路边"摩阻"等。基于此，并结合高等级公路流速数据实际情况，本书的研究具体选取的是公路技术等级、地貌、公路设计速度、车辆类别等变量，提出如下假设：

假设1：地貌对流速关系有显著影响。

假设2：车辆类型对流速关系有显著影响。

假设3：公路技术等级对流速关系有显著影响。

假设4：公路设计速度对流速关系有显著影响。

其中，根据第3章对数据分布特征的分析，可以发现地貌主要有四类数据，即山岭、重丘、微丘和平原。

车辆类型主要分为6大类，即小客车、大客车、小货车、中货车、大货车和特大货车。考虑到本书的研究对象是高等级公路，同时结合数据获取特性，将道路技术等级划分为高速公路和一级公路两类。公路设计速度主要有120公里/小时、100公里/小时、80公里/小时和60公里/小时4类。

基于上述数据的分布特征，流量-速度关系模型的适用条件可划分如下（见表5-2）。

5 流量–速度关系模型适用条件划分的研究

表5-2 模型适用条件

	指标	取值
模型适用条件	公路等级	高速 一级
	公路设计速度	120 公里/小时 100 公里/小时 80 公里/小时 60 公里/小时
	地貌	平原 微丘 重丘 山岭
	车辆类型	小客车 大客车 小货车 中货车 大货车 特大货车

6 自由流速度测算研究

6.1 自由流速度的定义

《美国道路通行能力手册》(HCM2000)给出的自由流速度的定义为：给定交通设施在低交通量情况下的车辆平均速度，此时司机按照其期望速度行驶，且不受控制延误的影响。

《公路通行能力分析细则》给出的自由流速度的定义为：交通量很小的条件下，公路路段上标准小客车的平均速度，单位为公里/小时。基准自由流速度的定义为：道路、交通和管控条件均为基准条件时，与设计速度对应的自由流速度，单位为公里/小时。

6.2 公路实际自由流速度的测算

根据样本情况，这里选择的分类参数为公路等级、地貌、设计速度。

在道路实际自由流速度的计算过程中，首先要确定自由流状态的判别标准，根据《自由流状态的判别标准研究》（备注：中国公路学报），自由流速度与交通流量存在如下关系：在自由流车头时距取值逐渐增大的过程中，运行速度也相应增大，直到车头时距达到9秒左右时，运行速度趋于稳定（如图6-1所示）。因此，自由流车头时距取9秒是较为合适的。

自由流速度选取原则为：白天时间段（7：00—17：00），车头时距 >10 秒［流量 <360pcu/（h·ln）］，取站点速度平均值。

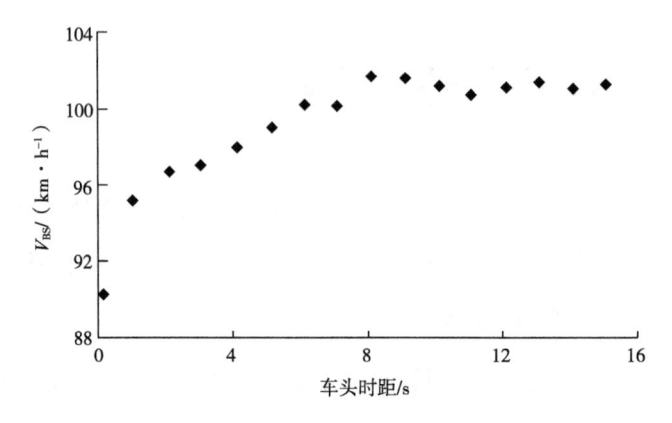

图6-1　自由流车头时距

自由流速度受公路等级、设计速度和地貌的影响较大，相同公路等级、地貌条件、不同设计速度下的自由流正态分布曲线如图 6-2 所示，相同公路等级、设计速度、不同地貌条件下的自由流正态分布曲线如图 6-3 所示。

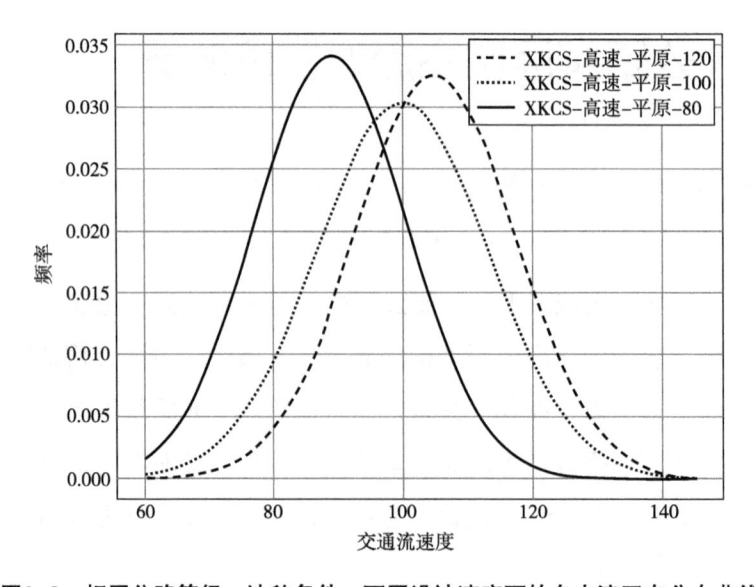

图6-2　相同公路等级、地貌条件、不同设计速度下的自由流正态分布曲线

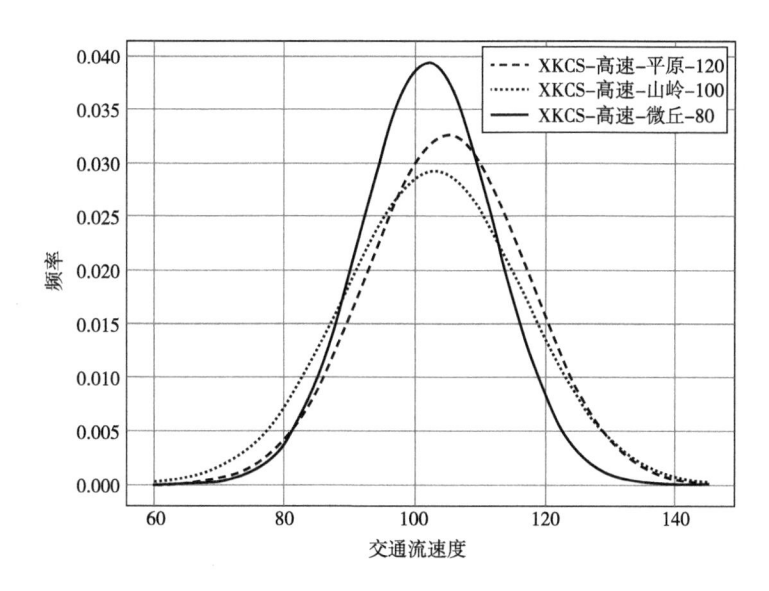

图6-3 相同公路等级、设计速度、不同地貌条件下的自由流正态分布曲线

相同公路等级、设计速度、地貌条件下的不同车型的自由流正态分布曲线如图6-4所示。

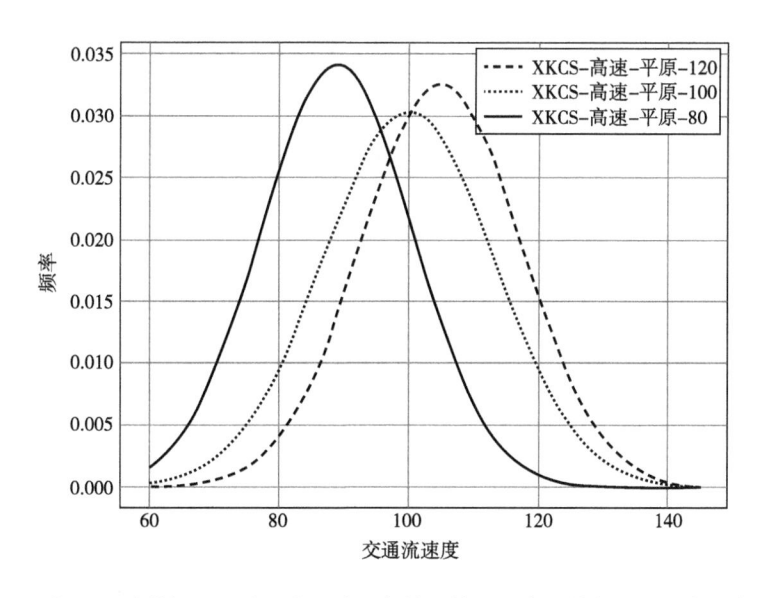

图6-4 相同公路等级、设计速度、地貌条件下的不同车型的自由流正态分布曲线

得到自由流速度如表 6-1 所示。

表6-1 各适用条件下各车型的自由流速度

公路等级	地貌	设计速度	小客车 s0	大客车 s0	小货车 s0	中货车 s0	大货车 s0	特大货 s0
高速	平原	120	105	94	96	95	94	88
		100	100	90	94	90	87	80
		80	80	76	79	76	75	73
	微丘	120	103	91	91	90	88	78
		100	98	89	91	90	86	78
		80	80	75	77	73	72	71
	山岭	120	102	91	89	88	87	77
		100	96	87	88	86	85	75
		80	80	74	74	72	71	70
一级	平原	100	75	67	67	67	66	64
		80	74	66	65	65	64	64
		60	59	58	58	55	54	53
	微丘	100	74	65	65	65	65	60
		80	73	64	64	64	63	60
		60	58	57	57	55	53	52
	山岭	100	71	62	63	62	61	59
		80	69	61	60	59	58	57
		60	57	55	55	55	53	50

注：本表计算的值受样本数据影响较大。

7

实际通行能力的测算研究

7 实际通行能力的测算研究

7.1 通行能力和服务水平的定义

通行能力可分为基准通行能力、设计通行能力和实际通行能力三种。

基准通行能力（basic capacity）是指在基准的道路、交通、环境和管控条件下，公路设施的一条车道或特定横断面上，规定时段内所能通过的最大期望小时流率，单位通常为 pcu/（h·ln）或 pcu/h。

设计通行能力（design capacity）是指在规划或设计的道路、交通、环境和管控条件下，公路设施的一条车道或特定横断面上，相应设计服务水平下，公路设施所能通过的最大小时流率，单位通常为 pcu/（h·ln）或 pcu/h。

实际通行能力（real capacity）是指在实际或设计的道路、交通、环境和管控条件下，公路设施的一条车道或特定横断面上，规定时段内所能通过的最大小时流率，单位通常为 veh/h 或 pcu/h。

通行能力是一个统计特征值，是指在交通需求充足情况下经常出现的最大流率。基准通行能力与设计通行能力的主要区别在于：前者是在基准条件下的通行能力，而后者是在设计条件下的通行能力；实际通行能力与设计通行能力的主要区别在于：前者是在各种运行质量情况下的通行能力，而后者是在所选用的服务水平条件下的通行能力。

通常，通行能力分析应确定公路设施的最大服务交通量和不同交通需求下的服务水平，同时应考虑交通量、速度、车头间距、密度、车头时距、服务时间等交通特性。车头时距（time headway）是指交通流中连续两辆车通过一条车道或公路同一断面的时间差,通常是测量前车的前保险杠到后车的前保险杠之间的时间差得到,单位为秒。自由流速度(free-flow speed)是指交通量很小的条件下,公路路段上标准小客车的平均速度,单位为公里/小时。基准自由流速度(basic free-flow speed)是指道路、交通和管控条件均为基准条件时,与设计速度对应的自由流速度,单位为公里/小时。

借鉴以美国和德国为代表的发达国家对公路服务水平的分级,参考《公路工程技术标准》(JTG B01—2014)和《公路路线设计规范》(JTG D20—2017)正式版,可将服务水平分成一至六级。

一级服务水平:交通流处于自由流状态。行车密度小,速度高,驾驶的自由度很大,驾驶人能按照自己的意愿选择行驶速度,不受交通流中其他车辆的影响。公路设施为驾驶人提供的舒适度和方便性最优。较小的交通事故或行车障碍的影响容易消除,在事故路段不会产生停滞排队。

二级服务水平:交通流基本处于自由流状态。驾驶人基本可按照自己的意愿选择行驶速度,但是开始关注到交通流内有其他参与者,驾驶人身心舒适水平很高,较小的交通事故或行车障碍的影响容易消除,在事故路段会产生轻微停滞排队。

三级服务水平:交通流状态处于稳定流的上半段。车辆间的相互影响变大,选择速度受到其他车辆的影响,变换车道时驾驶人要格外小心,较小的交通事故仍能消除,但事故路段的服务质量大大降低,事故路段会形成排队,驾驶人心情紧张。

四级服务水平:交通流状态处于稳定流的下半段。车辆运行明显受到交通流内其他车辆的相互影响,速度和驾驶的自由度受到明显限制。交通量稍有增加就会导致服务水平显著降低,驾驶人身心舒适度降低,即使较小的交通事故也难以消除，会形成很长的排队车流。

五级服务水平：交通流状态处于拥挤流，交通量即将达到饱和状态。任何干扰都会使交通流紊乱甚至交通阻塞，车流行驶的灵活性极端受限，驾驶人身心舒适水平很差。

六级服务水平：交通流处于拥堵状态，是通常意义上的强制流或阻塞流。交通需求超过公路设施允许的通过量，车流排队行驶，队列中的车辆出现走走停停现象，运行状态极不稳定，可能在不同交通流状态间发生突变。

服务水平分级细化后，在进行公路规划设计时可以提供更多的选择，更有针对性，如可以根据公路的功能，结合地形条件、交通组成等，选择最为经济合理的服务水平对应的交通量进行规划设计。在进行公路实际运营状况分析时，结论的描述更精确，同时也有益于实时交通的管控。连续流公路设施各级服务水平运行状态示意图见图7-1至图7-6。

图7-1　一级服务水平下交通流

图7-2 二级服务水平下交通流

图7-3 三级服务水平下交通流

图7-4 四级服务水平下交通流

图7-5　五级服务水平下交通流

图7-6　六级服务水平下交通流

7.2　道路特性分析

7.2.1　高速公路

下面对高速公路各组成部分单独进行通行能力和服务水平的分析与评价，选取高速公路基本路段进行通行能力分析。

高速公路基本路段是指在交织区、分流区、合流区、收费站、特长隧道影响区之外的路段（见图7-7）。

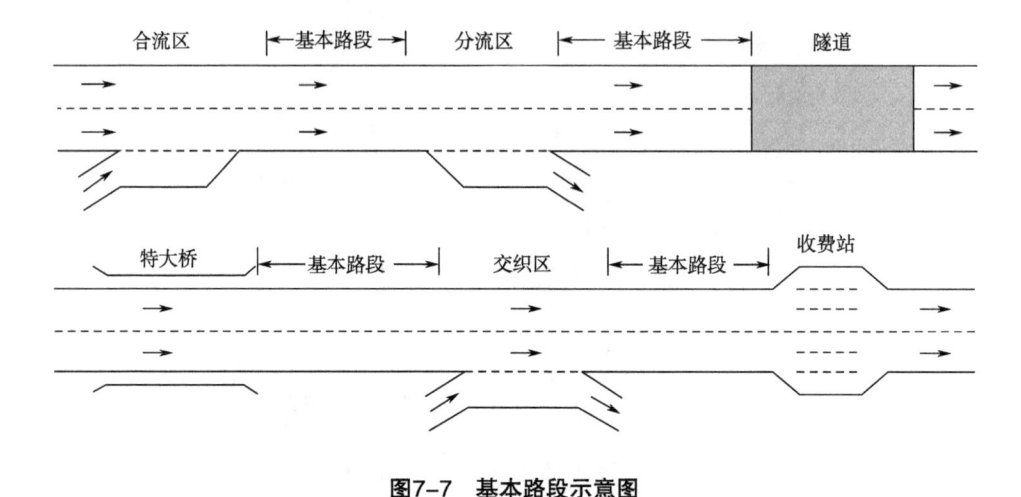

图7-7 基本路段示意图

高速公路基本路段的基准条件为：

（1）公路基准条件：双向8车道，车道宽度为3.75米，右侧硬路肩宽度不小于2.5米，左侧路缘带宽度不小于0.75米，纵坡小于2%，线形良好，路面平整。

（2）交通基准条件：交通组成是100%的小客车，驾驶人都是职业驾驶人且对道路比较熟悉。

（3）其他基准条件：天气良好，无交通管制，无交通事故等突发情况。

7.2.2 一级公路

选取一级公路一般路段进行通行能力分析。一级公路的交织区、分合流区、收费站、施工区、无信号交叉口、信号交叉口等设施的通行能力另行计算。

一级公路路段的基准条件为：

（1）公路基准条件：双向 6 车道，车道宽度为 3.75 米，右侧硬路肩宽度不小于 2.5 米，左侧路缘带宽度不小于 0.75 米，纵坡小于 2%，线形良好，设物体隔离中央分隔带，出入口密度小于 0.5 个 / 公里，路侧干扰等级为 1 级，路面平整。

（2）交通基准条件：交通组成是 100% 的小客车，驾驶人都是职业驾驶人且对道路比较熟悉。

（3）其他基准条件：天气良好，无交通管制，无交通事故等突发情况。

7.3 通行能力分析方法

基本路段的通行能力分析是从基准条件下的自由流速度开始的，然后根据规划、设计、运营高速公路的实际条件对自由流速度进行修正，得到实际条件下的自由流速度，从而得到实际条件下的通行能力值。

7.3.1 高速公路

实际上的高速公路的道路、交通条件往往与基准条件有所差别，其中，通行能力的主要影响因素包括自由流速度、车道宽度及侧向净空、车道数量、交通组成和驾驶人总体特征等，这些条件的变化都将对高速公路基本路段的通行能力产生影响。在实际分析过程中，有些因素是直接对交通量（或通行能力）进行修正，有些因素则是通过对自由流速度的修正，以实现对通行能力影响的分析。实际通行能力测算流程见图 7-8。

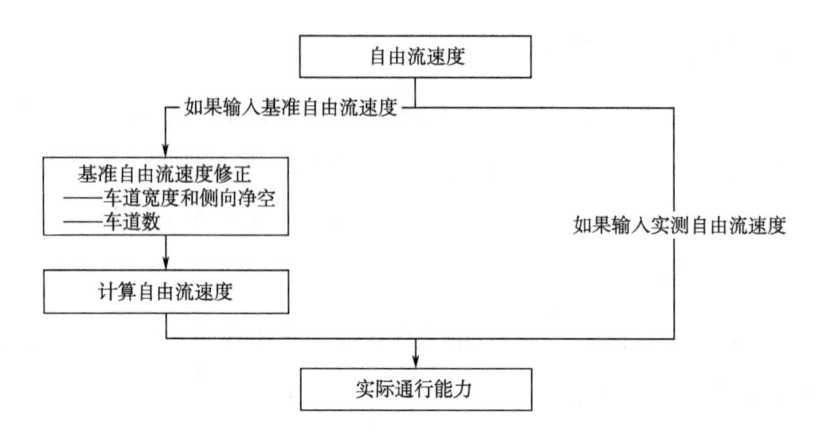

图7-8　实际通行能力测算流程图

7.3.1.1　自由流速度对通行能力的影响

自由流速度对通行能力的影响可以从速度—流量图（见图7-9）直观看出，自由流速度越低，其通行能力越小。

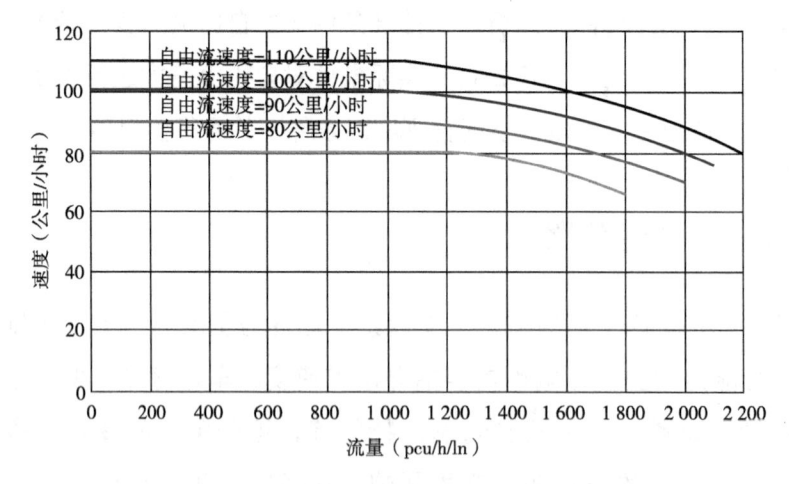

图7-9　基准条件下不同设计速度对应的流速曲线

高速公路不同自由流速度对应的基准通行能力值按表7-1和表7-2中的数字选取。

表7-1 不同自由流速度对应的基准通行能力值

基准自由流速度（公里/小时）	110	100	90	80
基准通行能力 [pcu/(h·ln)]	2 200	2 100	2 000	1 800

表7-2 高速公路基本路段设计速度与基准自由流速度关系

设计速度（公里/小时）	120	100	80	60
基准自由流速度（公里/小时）	110	100	90	80

7.3.1.2 车道宽度及路侧宽度对通行能力的影响

当车道宽度不足3.75米时，车辆行驶时的横向间距比在基准条件下小，这时，驾驶人会拉大与同向车辆间的纵向间距，或者降低行驶速度，以保证安全，从而导致路段通行能力降低。当左侧路缘带宽度和右侧路肩宽度受限时，也会导致类似的情况发生。车道宽度和路侧宽度对基准自由流速度的修正按表7-3确定。

表7-3 车道宽度和路侧宽度对基准自由流速度的修正

	宽度（米）	自由流速度修正值 Δv_w（公里/小时）
车道	3.25	−5.0
	3.50	−3.0
	3.75	0.0
左侧路缘带	0.25	−3.0
	0.50	−1.0
	0.75	0.0
右侧路肩	≤ 0.75	−5.0
	1.00	−3.0
	1.50	−1.0
	≥ 2.50	0.0

7.3.1.3 车道数量对通行能力的影响

单向有 4 条或 4 条以上车道的高速公路基本路段可以为车辆提供更多的超车机会，不容易导致压车现象发生，从而能够保证在较低至中等交通量的条件下，全部小客车的平均车速可以接近自由流速度。当单向车道数量从基准条件下的 4 车道变为 3 车道或 2 车道之后，平均每车道的通行能力会相对于基准通行能力有所下降。车道数量对基准自由流速度的修正按表 7-4 确定。

表7-4　车道数量对基准自由流速度的修正

车道数（单向）	自由流速度修正值 Δv_N（公里/小时）
≥ 4	0
3	−4.0
2	−8.0

7.3.2　一级公路

7.3.2.1　基准通行能力

一级公路的基准通行能力根据自由流速度确定，具体参见表 7-5 和表 7-6。

表7-5　不同自由流速度对应的基准通行能力值

自由流速度（公里/小时）	100	90	80
基准通行能力 [pcu/(h·ln)]	2 000	1 900	1 800

表7-6　一级公路设计速度与基准自由流速度对应关系

设计速度（公里/小时）	100	80	60
基准自由流速度（公里/小时）	100	90	80

7.3.2.2 车道数量对基准自由流速度的修正

表7–7为车道数量对基准自由流速度的修正。

表7-7 车道数量对基准自由流速度的修正

车道数（单向）	自由流速度修正值 Δv_N（公里/小时）
≥3	0
2	−4.0

7.3.3.3 车道宽度对基准自由流速度的修正

表7–8为车道宽度对基准自由流速度的修正。

表7-8 车道宽度对基准自由流速度的修正

车道宽度（米）	自由流速度修正值 Δv_{LW}（公里/小时）
3.75	0
3.50	−3.0

7.4 算例

这里列举两个算例：

（1）无实测自由流速度。以11000020170313DDB17536CA9BFB6F29站点为例，该站点无实测自由流速度，其设计速度为120公里/小时，是双向四车道高速公路。

基准通行能力值：根据表7–2，该站点自由流速度为110公里/小时，根据表7–1，对应的基准通行能力为2 200 pcu/(h·ln)。车道数量对基准自由流速度的修正：根据表7–4，该站点所在路段为双向四车道，其自由流车道修正系数为 -8.0，修正自由流速度为 102 公里/小时，用内插法得到修正通行能力为 2 120pcu/（h·ln）。

（2）实测自由流速度。以 110000201703096BB9E7C4AD853B9C57 站点为例。该站点的实测自由流速为 90 公里/小时，是双向六车道高速公路。

实际通行能力值：根据表 7-1，用内插法得到实际通行能力为 2 000 pcu/（h·ln）。

7.5 实际通行能力测算结果

表 7-9 为实际通行能力测算结果。

表7-9　各适用条件下的公路实际通行能力

公路等级	地貌	设计速度（公里/小时）	实际通行能力 pcu/（h·ln）
高速	平原	120	2 150
		100	2 100
		80	1 800
	微丘	120	2 130
		100	2 080
		80	1 800
	山岭	120	2 120
		100	2 060
		80	1 800

7 实际通行能力的测算研究

续 表

公路等级	地貌	设计速度(公里/小时)	实际通行能力 pcu/(h·ln)
一级	平原	100	1 700
		80	1 680
		60	1 380
	微丘	100	1 680
		80	1 660
		60	1 360
	山岭	100	1 620
		80	1 580
		60	1 340

8

不同适用条件下流量-速度关系模型参数的标定

8 不同适用条件下流量-速度关系模型参数的标定

既有的公路流量-速度关系模型系采用我国多年前的交通流样本数据进行建模，或者是直接引用国外已标定好的模型。由于调查样本覆盖范围小，样本量有限，经济、社会和机动化程度不断发展等原因，既有模型的可解释性和可移植性不太理想。而随着智能设备的普及和大数据技术的发展，为既有模型的优化提供了充分条件。本书的研究采用普通最小二乘法标定流量-速度关系模型的相关参数，构建不同适用条件下的高等级公路流量-速度关系模型群。

8.1 流量-速度关系模型的理论基础

经典流量-速度关系BPR模型的数学表达式为：

$$S = S_0 \left\{ 1 \Big/ \left[1 + \alpha \left(\frac{\vartheta}{C} \right)^\beta \right] \right\}$$

$$T = T_0 \left[1 + \alpha \left(\frac{\vartheta}{C} \right)^\beta \right]$$

其中：T_0（分钟）为交通流的自由行驶时间；T（分钟）为交通流的实际行驶时间；ϑ（pcu/h）为交通流量；C（pcu/h）为实际通行能力；S_0（公里/小时）为交通流的自由行驶速度；S（公里/小时）为交通流的实际行驶速度；α、β 为待定参数。

基于国家公路交调系统数据，采用普通最小二乘法，对BPR等经典流量-速度关系模型的 α 和 β 参数进行初步辨识。

基于改进的遗传算法对上一部分获得的参数值进行修正，提高模型精度。其中，模型评估适应度函数定义如下：

$$\text{Fitnessfcn} = \text{sqrt} \left\{ \frac{1}{m} \sum_{i=1}^{m} \left[S(i) - S_e(i) \right]^2 \right\}$$

式中，$S(i)$ 为样本的实际行驶速度；$S_e(i)$ 为第 i 样本的期望行驶速度；m 为样本量总数。

在机器学习建模的过程中，通常将样本数据分为训练集和测试集。测试集是与训练集相独立的数据，完全不参与训练，用于最终模型的评估。在模型训练过程中经常会出现所谓过拟合的问题，就是模型可以很好地匹配训练数据，却不能很好地预测训练集外的数据。如果此时就使用测试数据来调整模型参数，就相当于在训练时就已知了部分测试数据的信息，这会影响最终评估结果的准确性。通常的做法是在训练数据中分出一部分作为验证数据，用来评估模型的训练效果。

常用的模型验证方法有 Holdout 检验、K-Fold 交叉验证、自助法等。

8.1.1 Holdout 检验

Holdout 检验是简单且直接的验证方法之一，它将原始的样本集合随机地划分成训练集和验证集两部分。通常将样本数据按照 70% 和 30% 的比例分成两部分，70% 的样本用于模型训练，30% 的样本用于模型验证。评估模型性能的具体指标包括 ROC 曲线、均方根误差、精确率和召回率等。

8.1.1.1 回归模型评估的指标

（1）均方根误差。均方根误差是一个衡量回归模型误差率的常用公式。

$$\text{RMSE} = \sqrt{\frac{\sum_{i=1}^{n}(p_i - a_i)^2}{n}}$$

其中，RMSE 为均方根误差，p_i 为预测数据，a_i 为观测数据，n 为样本量。

（2）判定系数。判定系数 R^2 描述了回归模型所解释的因变量方差在总方差中的比例。若 R^2 很大，则自变量和因变量之间存在线性关系，如果回归模型是"完美的"，SSE 为 0，则 R^2 为 1。若 R^2 很小，则自变量和因变量之间存在线性关系的证据不令人信服；如果回归模型完全失败，SSE 等于 SST，没有方差可被回归解释，则 R^2 为 0。

$$R^2 = \frac{\text{SSR}}{\text{SST}} = 1 - \frac{\text{SSE}}{\text{SST}}$$

$$\text{SST} = \sum_{i=1}^{n}(a_i - \bar{a})^2$$

$$\text{SST} = \sum_{i=1}^{n}(p_i - \bar{p})^2$$

$$\text{SST} = \sum_{i=1}^{n}(a_i - p_i)^2$$

其中，SST 为总平方和，SSR 为组间平方和，SSE 为组内平方和。

（3）标准化残差图。标准化残差图是一个对在标准化尺度上显示残差分散图有帮助的可视化工具。标准化残差图与普通残差图之间没有实质不同，唯一的区别是在 Y 轴的标准化可以更容易检测到潜在的异常值。残差是指因变量的观测值与预测值之差。标准化残差是残差除以它的标准差后得到的数值，也称为 Pearson 残差。标准化残差的计算公式如下：

$$Z_{e_i} = \frac{e_i}{s_e} = \frac{a_i - p_i}{s_e}$$

其中，Z_{e_i} 为标准化残差，S_e 为残差的标准差的估计，e_i 为残差。

8.1.1.2 分类模型评估的指标

（1）混淆矩阵。混淆矩阵显示了分类模型相对数据的真实输出（目标值）的正确预测和不正确预测数目。这类模型的性能通常使用矩阵中的数据来评估。

（2）增益图和提升图。增益和提升是分类模型有效性指标，由通过模型获得的结果和没有模型获得的结果之间的比率计算而成。增益图和提升图是使用与评估分类模型性能的可视化工具。然而，与混淆矩阵评估的是整个、总体的模型性能不同，增益图和提升图评估的是总体一部分的模型性能。

第一步：计算每一个观测结果的概率。

第二步：按照降序对概率进行排序。

第三步：以总观测值的10%为标准分组并建立十位数。

第四步：计算Good（应答者）、Bad（非应答者）及全部在十分位数的反应速率。

（3）K-S曲线。K-S曲线用来衡量分类模型的性能。更准确地说，衡量分类模型的性能用的是K-S阳性和阴性分布之间的分离度指标。如果评分将总体分成两组，一组全是阳性，一组全是阴性，则K-S为100；如果模型无法区分阳性和阴性，模型选择的效果类似从总体中随机抽取，K-S将为0。对大多数分类模型来说，K-S值是在0到100之间，值越高，表示模型分离阳性和阴性的效果越好。

（4）ROC曲线。ROC曲线与增益图或提升图类似，都提供了比较分类模型的一种途径。ROC曲线在X轴显示伪阳性率（真值为0、目标值为1的概率，即1-特异度），Y轴为真阳性率（即灵敏度）。理想情况下，曲线快速爬向左上，表示模型准确预测数据。

Holdout检验的缺点是，如果可用的数据很少，那么验证集和测试集包含的样本就太少，从而无法在统计学上对数据有代表性。

8.1.2　K-Fold交叉验证

K-Fold交叉验证是将原始数据分成K组（K-Fold），将每个子集数据分别做一次验证集，其余的K-1组子集数据作为训练集，这样会得到K

个模型。这 K 个模型分别再验证集中评估结果，将最后的误差 MSE（mean squared error）加和平均，就得到交叉验证误差。交叉验证有效利用了有限的数据，并且评估结果能够尽可能接近模型在测试集上的表现，可以作为模型优化的指标使用。模型最终交叉验证误差计算公式如下，

$$acc_{cv} = \sum_{i=1}^{k} \frac{acc_i}{k}$$

当样本数据量小的时候，k 可以设大一点，这样训练集占整体的比例就比较大，不过同时训练的模型个数也增多；当数据量大的时候，k 可以设小一点。

8.1.3 自助法

自助法是基于自助采样法的检验方法，通常适用于样本规模较小的数据。对于总数为 n 的样本集合，进行 n 次有放回的随机抽样，得到大小为 n 的训练集。n 次采样过程中，有的样本会被重复采样，有的样本没有被抽出过，将这些没有被抽出的样本作为验证集进行模型验证，这就是自助法的验证过程。当样本数很大时，大约有 36.8% 的样本从未被选择过，可作为验证集。

8.2 数据时间颗粒度的选取

随机选取分析对象观测站【430000201204122049402020000098073】，其编号为 G4L060430111，观测站名称：李家塘，观测站类型：连续，观测站等级：0，车道数量：4（单向 2 车道）。

数据来自2019年，以5分钟为单位的流速数据，共631 428条记录。按小客车速度=0筛选数据后，共407 478条记录；其中上行199 964条，下行207 514条。选取样本数据范围如下：随机选取2019年9月14—18日（周一到周五）共5天数据和随机挑选9月15日这一天数据。

数据时间颗粒度通常有三种：5分钟、15分钟和1小时。从图8-1和表8-1可以看到，各流量区间的速度差均值为−0.2和−0.04，标准差为0.94和0.90。可见，三种统计特性基本一致，均值几乎没有区别，各区间内的离散程度略有区别。

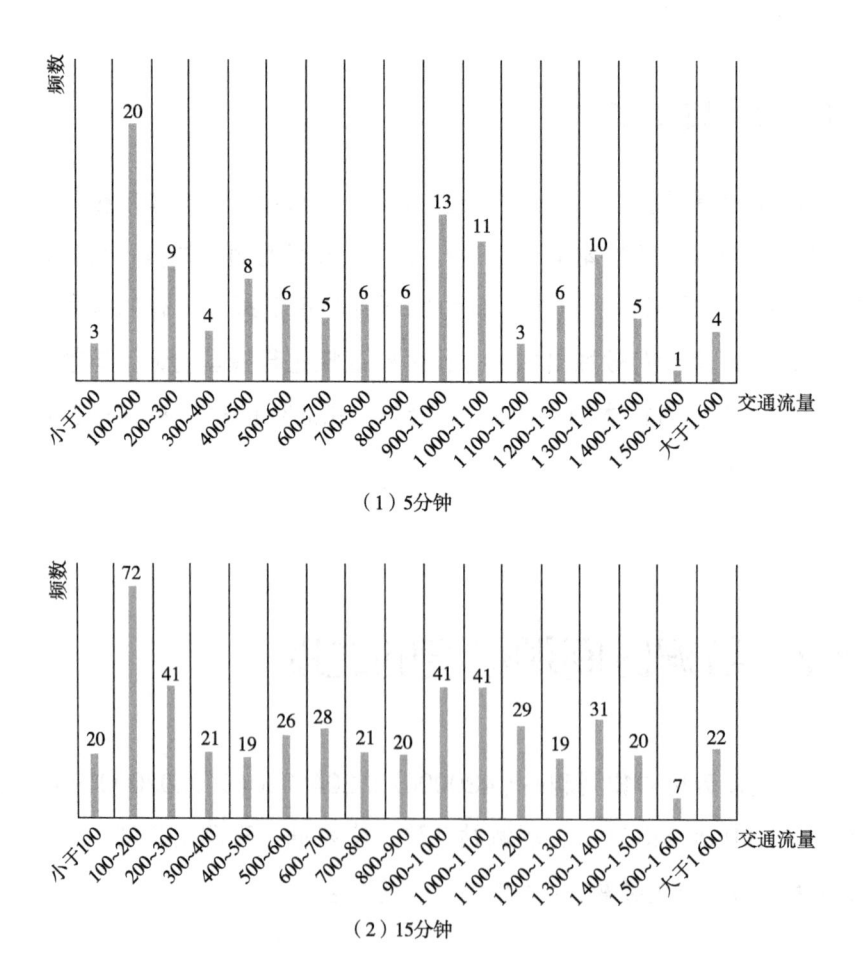

（1）5分钟

（2）15分钟

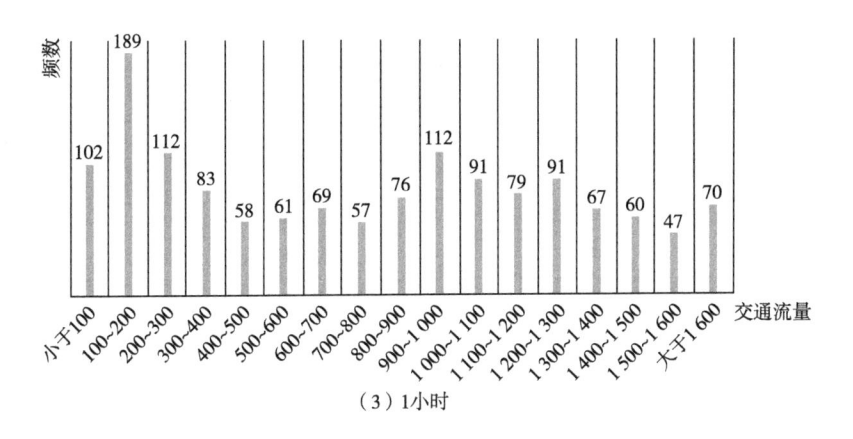

8　不同适用条件下流量–速度关系模型参数的标定

(3) 1小时

图8-1　三种时间颗粒度下的流量分布

表8-1　三种时间颗粒度下的流量速度分布

流量范围	平均速度			速度差	
(车辆/时)	1小时	15分钟	5分钟	S15-S1	S15-S5
0~100	96.85	96	93.57	−0.85	2.43
100~200	93.48	93.7	93.28	0.22	0.42
200~300	93.42	91.7	91.1	−1.72	0.6
300~400	93.47	93.3	92	−0.17	1.3
400~500	92.22	93.1	92.98	0.88	0.12
500~600	91.09	92.4	92.49	1.31	−0.09
600~700	91.48	88.8	92.17	−2.68	−3.37
700~800	91.42	92.3	93.51	0.88	−1.21
800~900	91.04	92.6	94.21	1.56	−1.61
900~1 000	93.16	93.3	94.2	0.14	−0.9
1 000~1 100	92.44	93.3	93.1	0.86	0.2
1 100~1 200	91.04	92.2	92.35	1.16	−0.15
1 200~1 300	92.1	90.2	91.53	−1.9	−1.33

99

续 表

流量范围 （车辆/时）	平均速度			速度差	
	1 小时	15 分钟	5 分钟	S15-S1	S15-S5
1 300~1 400	89.88	90.7	90.84	0.82	-0.14
1 400~1 500	89.81	89.6	89.49	-0.21	0.11
1 500~1 600	94.54	90.9	89.3	-3.64	1.6
大于 1 600	87.51	87.43	86.19	-0.08	1.24
速度差的均值				0.201 17	0.045 88
速度差的标准差				0.936 57	0.897 56

进一步，标定经典的 BPR 模型，探索本书研究适用的数据时间颗粒度以及样本单位，如表 8-2 和表 8-3 所示。可见，以随机一天中的 15 分为单位的数据所标定的模型精度最高，可作为模型参数标定的数据时间颗粒度。

表8-2 一天数据标定的流量-速度关系模型参数

统计间隔	S0	C	a	b	精度	样本量
15 分钟	96	500	0.15	5	95%	96
5 分钟	96	167	0.15	5	68%	288
1 小时	96	2000	0.15	5	90%	24

表8-3 五天数据标定的流量-速度关系模型参数

统计间隔	S0	C	a	b	精度	样本量
15 分钟	93	500	0.15	5	85%	478
5 分钟	93	167	0.15	5	52%	1 424
1 小时	93	2000	0.15	5	88%	120

8.3 样本数据清洗

根据上一节有关数据时间颗粒度选取的探索性分析结果，本节选取15分钟交通流量和速度数据作为模型输入数据的最小时间单位。原始交调数据是以5分钟为单位的流速数据。根据第4章所设计的交调数据清洗规则集，进行如下数据清洗作业：

（1）删除各种车型速度全部为0的数据。其中，小客车、大客车、小货车、中货车、大货车和特大货车等6种车型速度全部为0的有75 723条数据。由于标定参数时无法使用速度为0的数据，需要全部剔除。这些数据大约涉及11000020161222068C88382ECC078806、120000201311125090602032aaoF5yY70等8个观测站点，应全部删除。

（2）删除流速散点图毫无规律的站点数据。有些观测站点呈现的流速关系毫无规律性，交通流速度并未随着流量的增加而出现一定的规律，如图8-2所示，将这些站点的数据删除。

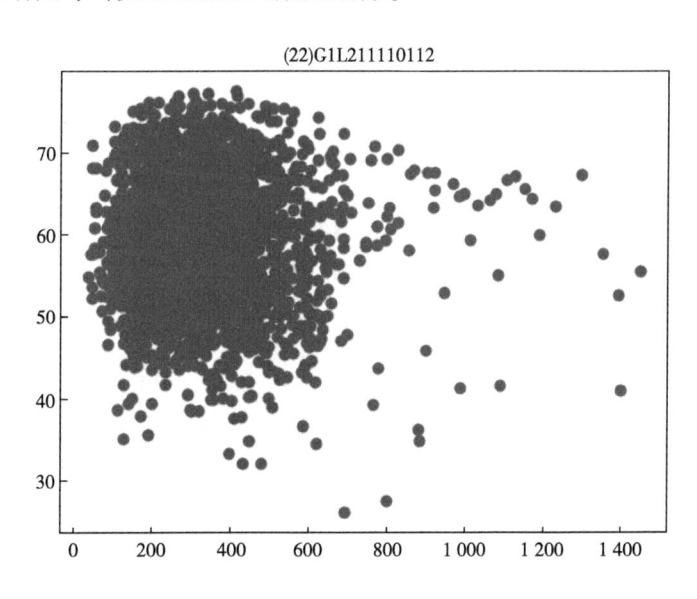

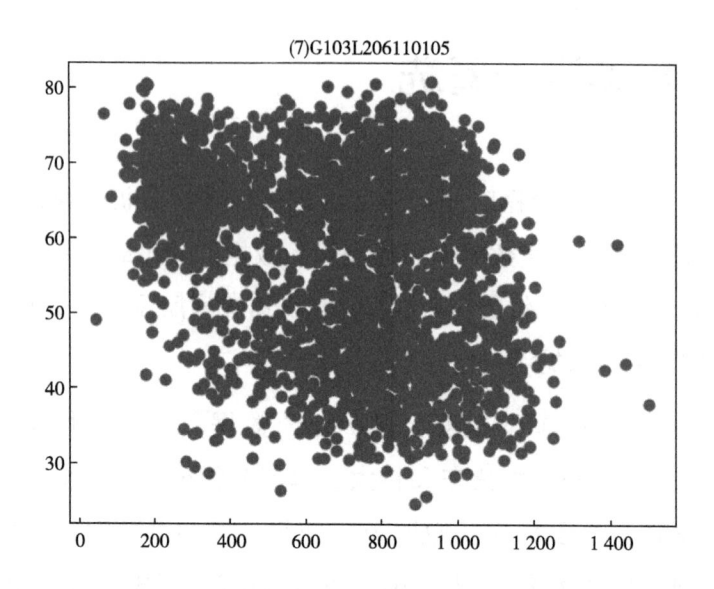

图8-2　G1L211110112、G103L206110105站点的流速散点图

（3）删除交通流速度随着流量增加而上升的站点数据。经典的BPR流速曲线模型对非饱和状态下交通流情况的描述比较准确，因此，这里根据美国公路局推荐的标准参数 $\alpha=0.15$ 和 $\beta=4$ 来标定自由流速度 S0 和通行能力 C。当参数 α 值等于负值时，流速关系曲线呈上升态势，如图8-3所示。

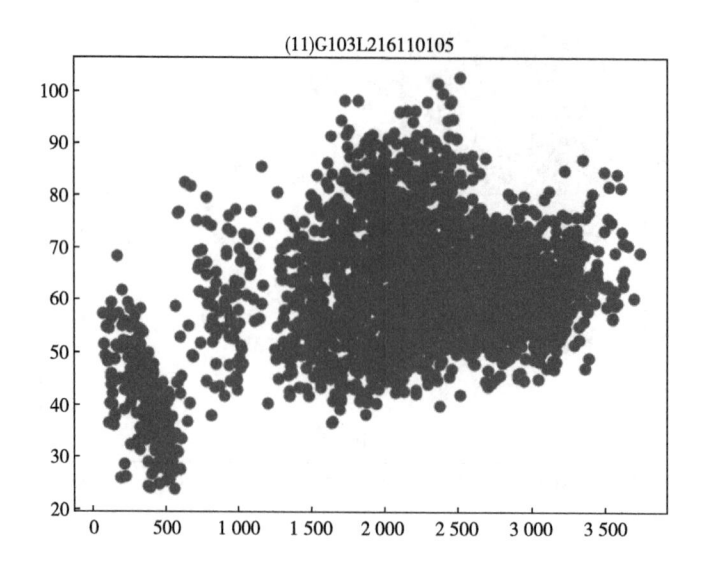

8 不同适用条件下流量-速度关系模型参数的标定

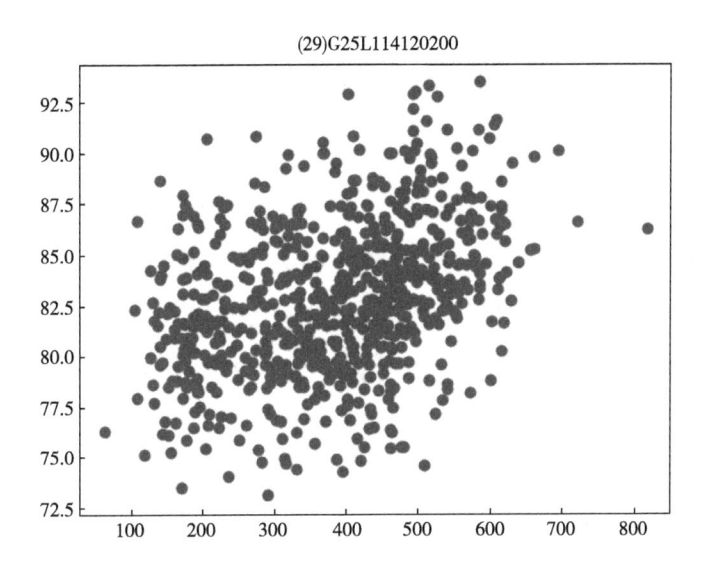

图8-3 G103L216110105、G25L114120200站点的流速散点图

（4）删除流量和速度异常值。具体规则是：剔除车辆速度大于自由流速度的数据，剔除车辆速度过小（高速公路速度低于60公里/小时，一级公路速度低于50公里/小时）且流量过小的数据（二级服务水平对应的流量）。

根据数据清洗规则 S1~S16 开展，上述几轮数据清洗作业后，参与流速模型参数标定的样本数据量共 3 520 088 条，包含 G1001L150230109、G25L101371603 等共 218 个观测站点，覆盖北京市、福建省、内蒙古自治区、甘肃省等共 24 个省、自治区、直辖市。

8.4 流量−速度关系模型参数的标定及验证

模型验证采用 Holdout 检验及平均绝对百分比误差指标。

考虑到样本量足够大，在建模过程中以改进的 Holdout 检验法为原则，将原始的样本集合随机划分成训练集和验证集两部分。通常将样本数据按照 70% 和 30% 的比例分成两部分，70% 的样本用于模型训练，30% 的样本用于模型验证。

之后，考虑到交通流的速度特性，采用平均绝对百分比误差指标，对模型的预测精度进行评价。计算公式为：

$$\text{MAPE} = \frac{1}{n} * \sum_{1}^{n} \left| \frac{(p_i - a_i)}{a_i} \right| * 100\%$$

其中，MAPE 为平均绝对百分比误差，p_i 为交通流速度的预测值，a_i 为交通流速度的观测值，n 为样本量。

根据第五章设计的流量−速度关系模型适用条件划分方法，即选取"公路技术等级""地貌""公路设计速度"等因素组合形成不同适用条件。"公路技术等级"方面，考虑到数据可获取性和数据质量问题，本书主要考虑高速公路和一级公路两种情况。样本所涉及的交调站点数据中，公路技术等级为高速公路的共96个站点，公路技术等级为一级公路的共122个站点，如表8−4所示。

表8−4 交调站点公路技术等级分布情况表

序号	公路技术等级	交调站点数量（个）
1	高速公路	96
2	一级公路	122
总计		218

8 不同适用条件下流量-速度关系模型参数的标定

"地貌"主要有平原、微丘和山岭3种情况,地貌为平原的共152个站点,地貌为微丘的共43个站点,地貌为山岭的共23个站点,如表8-5所示。

表8-5 交调站点的地貌分布情况表

序号	地貌	交调站点数量(个)
1	平原	152
2	微丘	43
3	山岭	23
总计		218

高速公路的"设计速度"主要分为120公里/小时、100公里/小时、80公里/小时,一级公路的"设计速度"主要分为100公里/小时、80公里/小时、60公里/小时。其中,设计速度为120公里/小时的共44个站点、设计速度为100公里/小时的共62个站点、设计速度为80公里/小时的共92个站点、设计速度为60公里/小时的共20个站点,如表8-6所示。

表8-6 交调站点的设计速度分布情况表

序号	设计速度(公里/小时)	交调站点数量(个)
1	60	20
2	80	92
3	100	62
4	120	44
总计		218

上述情况组合形成18种不同的适用条件，分别为"高速平原120"、"高速平原100"、"高速平原80"、"高速微丘120"、"高速微丘100"、"高速微丘80"、"高速山岭120"、"高速山岭100"、"高速山岭80"、"一级平原100"、"一级平原80"、"一级平原60"、"一级微丘100"、"一级微丘80"、"一级微丘60"、"一级山岭100"、"一级山岭80"和"一级山岭60"。

根据模型适用条件划分的方法，参数标定结果和模型验证结果如表8-7和表8-8所示。可见，"高速平原120"等18类适用条件下，模型预测值与实际值之间相对误差的平均百分比MAPE分别为9.7%、10.1%、12.5%、8.3%、9.1%、6.7%、8.6%、7.9%、9.7%、9.0%、11.9%、10.7%、6.7%、9.3%、10.6%、11.2%、7.6%、6.0%。其中最大值12.5%，最小值6.0%，平均值9.2%。

表8-7 不分车型的流量-速度关系模型参数标定结果

序号	公路等级	地貌	设计速度（公里/小时）	α	β
1	高速	平原	120	0.41	1.82
2	高速	平原	100	0.66	2.64
3	高速	平原	80	0.45	2.81
4	高速	微丘	120	0.72	2.44
5	高速	微丘	100	0.62	2.76
6	高速	微丘	80	0.91	2.02
7	高速	山岭	120	0.85	1.76
8	高速	山岭	100	0.93	1.64
9	高速	山岭	80	0.37	2.11
10	一级	平原	100	0.15	3.01
11	一级	平原	80	0.92	4.02
12	一级	平原	60	0.55	2.13

续　表

序号	公路等级	地貌	设计速度（公里/小时）	α	β
13	一级	微丘	100	0.34	1.53
14	一级	微丘	80	0.38	3.17
15	一级	微丘	60	0.94	1.24
16	一级	山岭	100	0.88	1.68
17	一级	山岭	80	0.16	3.97
18	一级	山岭	60	0.72	3.60

表8-8　不分车型的流量-速度关系模型验证结果

序号	公路等级	地貌	设计速度（公里/小时）	MAPE
1	高速	平原	120	9.7%
2	高速	平原	100	10.1%
3	高速	平原	80	12.5%
4	高速	微丘	120	8.3%
5	高速	微丘	100	9.1%
6	高速	微丘	80	6.7%
7	高速	山岭	120	8.6%
8	高速	山岭	100	7.9%
9	高速	山岭	80	9.7%
10	一级	平原	100	9.0%
11	一级	平原	80	11.9%
12	一级	平原	60	10.7%
13	一级	微丘	100	6.7%
14	一级	微丘	80	9.3%
15	一级	微丘	60	10.6%
16	一级	山岭	100	11.2%
17	一级	山岭	80	7.6%
18	一级	山岭	60	6.0%

分车型流速模型参数标定结果如表8-9所示。可见，对于小客车而言，最优参数值组合为"高速平原120"的参数 $\alpha=0.62$，$\beta=2.81$；"高速平原100"的参数 $\alpha=0.81$，$\beta=4.09$；"高速平原80"的参数 $\alpha=0.23$，$\beta=1.14$；"高速微丘120"的参数 $\alpha=0.55$，$\beta=1.50$；"高速微丘100"的参数 $\alpha=0.33$，$\beta=1.89$；"高速微丘80"的参数 $\alpha=0.54$，$\beta=1.25$；"高速山岭120"的参数 $\alpha=0.22$，$\beta=1.37$；"高速山岭100"的参数 $\alpha=0.93$，$\beta=2.30$；"高速山岭80"的参数 $\alpha=0.65$，$\beta=5.89$；"一级平原100"的参数 $\alpha=0.29$，$\beta=1.11$；"一级平原80"的参数 $\alpha=0.51$，$\beta=1.81$；"一级平原60"的参数 $\alpha=0.36$，$\beta=1.18$；"一级微丘100"的参数 $\alpha=0.28$，$\beta=1.16$；"一级微丘80"的参数 $\alpha=0.70$，$\beta=1.05$；"一级微丘60"的参数 $\alpha=0.39$，$\beta=1.16$；"一级山岭100"的参数 $\alpha=0.12$，$\beta=1.32$；"一级山岭80"的参数 $\alpha=0.52$，$\beta=1.39$；"一级山岭60"的参数 $\alpha=0.36$，$\beta=1.17$。除此之外，对于大客车、小货车、中货车、大货车以及特大货车等其他车型而言，最优参数值组合如表8-9的大客车、小货车、中货车、大货车以及特大货车部分所示。

表8-9 分车型的流量–速度关系模型参数标定结果

小客车					
序号	公路等级	地貌	设计速度（公里/小时）	α	β
1	高速	平原	120	0.62	2.81
2	高速	平原	100	0.81	4.09
3	高速	平原	80	0.23	1.14
4	高速	微丘	120	0.55	1.50
5	高速	微丘	100	0.33	1.89
6	高速	微丘	80	0.54	1.25

续　表

小客车					
序号	公路等级	地貌	设计速度（公里/小时）	α	β
7	高速	山岭	120	0.22	1.37
8	高速	山岭	100	0.93	2.30
9	高速	山岭	80	0.65	5.89
10	一级	平原	100	0.29	1.11
11	一级	平原	80	0.51	1.81
12	一级	平原	60	0.36	1.18
13	一级	微丘	100	0.28	1.16
14	一级	微丘	80	0.70	1.05
15	一级	微丘	60	0.39	1.16
16	一级	山岭	100	0.12	1.32
17	一级	山岭	80	0.52	1.39
18	一级	山岭	60	0.36	1.17

大客车					
序号	公路等级	地貌	设计速度（公里/小时）	α	β
1	高速	平原	120	0.54	3.93
2	高速	平原	100	0.12	1.63
3	高速	平原	80	0.44	1.35
4	高速	微丘	120	0.23	3.75
5	高速	微丘	100	0.18	1.25
6	高速	微丘	80	0.16	2.85
7	高速	山岭	120	0.43	1.25
8	高速	山岭	100	0.93	1.52
9	高速	山岭	80	0.26	2.15

续表

大客车						
序号	公路等级	地貌	设计速度（公里/小时）	α	β
10	一级	平原	100	0.15	2.13
11	一级	平原	80	0.10	1.00
12	一级	平原	60	0.69	1.96
13	一级	微丘	100	0.78	2.58
14	一级	微丘	80	0.38	1.37
15	一级	微丘	60	0.62	3.61
16	一级	山岭	100	0.71	1.11
17	一级	山岭	80	0.36	3.53
18	一级	山岭	60	0.87	1.46
小货车						
序号	公路等级	地貌	设计速度（公里/小时）	α	β
1	高速	平原	120	0.47	1.52
2	高速	平原	100	0.28	1.80
3	高速	平原	80	0.30	1.20
4	高速	微丘	120	0.35	2.55
5	高速	微丘	100	0.25	1.85
6	高速	微丘	80	0.29	2.77
7	高速	山岭	120	0.23	1.71
8	高速	山岭	100	0.18	2.58
9	高速	山岭	80	0.72	4.64
10	一级	平原	100	0.21	1.73
11	一级	平原	80	0.51	1.54
12	一级	平原	60	0.32	2.67

续表

小货车						
序号	公路等级	地貌	设计速度（公里/小时）	α	β
13	一级	微丘	100	0.40	1.88
14	一级	微丘	80	0.25	3.20
15	一级	微丘	60	0.39	1.08
16	一级	山岭	100	0.42	2.77
17	一级	山岭	80	0.21	2.24
18	一级	山岭	60	0.16	1.17

中货车						
序号	公路等级	地貌	设计速度（公里/小时）	α	β
1	高速	平原	120	0.21	2.40
2	高速	平原	100	0.17	1.62
3	高速	平原	80	0.12	2.88
4	高速	微丘	120	0.23	1.03
5	高速	微丘	100	0.18	1.28
6	高速	微丘	80	0.16	2.31
7	高速	山岭	120	0.22	1.62
8	高速	山岭	100	0.15	3.47
9	高速	山岭	80	0.17	1.01
10	一级	平原	100	0.12	1.11
11	一级	平原	80	0.66	1.52
12	一级	平原	60	0.17	2.77
13	一级	微丘	100	0.63	2.86
14	一级	微丘	80	0.44	3.19
15	一级	微丘	60	0.11	1.16

续 表

\multicolumn{5}{c	}{中货车（公里/小时）}
序号	公路等级	地貌	设计速度	α	β
16	一级	山岭	100	0.32	2.65
17	一级	山岭	80	0.94	1.81
18	一级	山岭	60	0.12	1.14

\multicolumn{5}{c	}{大货车}
序号	公路等级	地貌	设计速度（公里/小时）	α	β
1	高速	平原	120	0.13	2.43
2	高速	平原	100	0.25	1.98
3	高速	平原	80	0.16	1.91
4	高速	微丘	120	0.07	1.00
5	高速	微丘	100	0.24	1.54
6	高速	微丘	80	0.51	2.68
7	高速	山岭	120	0.28	3.56
8	高速	山岭	100	0.13	2.39
9	高速	山岭	80	0.16	1.23
10	一级	平原	100	0.08	3.49
11	一级	平原	80	0.95	1.65
12	一级	平原	60	0.92	2.21
13	一级	微丘	100	0.42	2.64
14	一级	微丘	80	0.76	1.07
15	一级	微丘	60	0.17	2.76
16	一级	山岭	100	0.27	2.61
17	一级	山岭	80	0.91	2.71
18	一级	山岭	60	0.44	3.22

续 表

特大货车					
序号	公路等级	地貌	设计速度（公里/小时）	α	β
1	高速	平原	120	0.39	1.58
2	高速	平原	100	0.19	2.66
3	高速	平原	80	0.12	1.06
4	高速	微丘	120	0.18	1.56
5	高速	微丘	100	0.61	4.22
6	高速	微丘	80	0.16	2.53
7	高速	山岭	120	0.17	1.45
8	高速	山岭	100	0.15	1.80
9	高速	山岭	80	0.16	3.54
10	一级	平原	100	0.16	1.45
11	一级	平原	80	0.63	2.12
12	一级	平原	60	0.74	1.38
13	一级	微丘	100	0.05	2.99
14	一级	微丘	80	0.38	1.23
15	一级	微丘	60	0.62	1.78
16	一级	山岭	100	0.09	2.65
17	一级	山岭	80	0.21	1.03
18	一级	山岭	60	0.55	2.71

以改进的 Holdout 检验法为原则，在验证集上采用平均绝对百分比误差指标，对模型的预测精度进行评价。对于小客车而言，其模型验证结果如表 8-10 所示。可见，"高速平原 120"的模型预测值与实际值之间相对误差的平均百分比 MAPE 为 8.1%，"高速平原 100"的模型 MAPE 为

9.6%,"高速平原80"的模型MAPE为5.5%,"高速微丘120"的模型MAPE为5.1%,"高速微丘100"的模型MAPE为6.9%,"高速微丘80"的模型MAPE为6.3%,"高速山岭120"的模型MAPE为9.0%,"高速山岭100"的模型MAPE为7.6%,"高速山岭80"的模型MAPE为13.2%,"一级平原100"的模型MAPE为5.7%,"一级平原80"的模型MAPE为10.6%,"一级平原60"的模型MAPE为9.6%,"一级微丘100"的模型MAPE为6.3%,"一级微丘80"的模型MAPE为6.3%,"一级微丘60"的模型MAPE为3.6%,"一级山岭100"的模型MAPE为4.3%,"一级山岭80"的模型MAPE为8.8%,"一级山岭60"的模型MAPE为9.0%。其中,最大值13.2%,最小值3.6%,平均值7.31%。除此之外,对于大客车、小货车、中货车、大货车以及特大货车等其他车型而言,模型MAPE值如表8-10的大客车、小货车、中货车、大货车以及特大货车部分所示。总体上,各类车型的流速模型参数标定结果较好,参数值符合流速关系客观规律,并且模型预测值与实际值之间相对误差的平均百分比MAPE值大部分为10%以内。表示本书所设计的交通流量和速度大数据清洗规则科学有效、参数标定模型稳定可信。

表8-10 分车型的流量-速度关系模型验证结果

小客车				
序号	公路等级	地貌	设计速度(公里/小时)	MAPE
1	高速	平原	120	8.1%
2	高速	平原	100	9.6%
3	高速	平原	80	5.5%
4	高速	微丘	120	5.1%
5	高速	微丘	100	6.9%
6	高速	微丘	80	6.3%
7	高速	山岭	120	9.0%

续 表

小客车				
序号	公路等级	地貌	设计速度（公里/小时）	MAPE
8	高速	山岭	100	7.6%
9	高速	山岭	80	13.2%
10	一级	平原	100	5.7%
11	一级	平原	80	6.6%
12	一级	平原	60	9.6%
13	一级	微丘	100	6.3%
14	一级	微丘	80	6.3%
15	一级	微丘	60	3.6%
16	一级	山岭	100	4.3%
17	一级	山岭	80	8.8%
18	一级	山岭	60	9.0%

大客车				
序号	公路等级	地貌	设计速度（公里/小时）	MAPE
1	高速	平原	120	7.4%
2	高速	平原	100	7.9%
3	高速	平原	80	9.8%
4	高速	微丘	120	8.1%
5	高速	微丘	100	7.6%
6	高速	微丘	80	6.9%
7	高速	山岭	120	10.0%
8	高速	山岭	100	8.6%
9	高速	山岭	80	8.6%
10	一级	平原	100	13.1%

续 表

大客车				
序号	公路等级	地貌	设计速度（公里/小时）	MAPE
11	一级	平原	80	7.0%
12	一级	平原	60	5.6%
13	一级	微丘	100	9.1%
14	一级	微丘	80	6.7%
15	一级	微丘	60	8.5%
16	一级	山岭	100	11.9%
17	一级	山岭	80	8.5%
18	一级	山岭	60	15.2%

小货车				
序号	公路等级	地貌	设计速度（公里/小时）	MAPE
1	高速	平原	120	9.1%
2	高速	平原	100	7.3%
3	高速	平原	80	9.4%
4	高速	微丘	120	6.1%
5	高速	微丘	100	6.6%
6	高速	微丘	80	11.6%
7	高速	山岭	120	9.6%
8	高速	山岭	100	10.6%
9	高速	山岭	80	10.6%
10	一级	平原	100	6.7%
11	一级	平原	80	11.3%
12	一级	平原	60	7.0%
13	一级	微丘	100	9.4%

续　表

小货车				
序号	公路等级	地貌	设计速度（公里/小时）	MAPE
14	一级	微丘	80	8.3%
15	一级	微丘	60	9.4%
16	一级	山岭	100	11.1%
17	一级	山岭	80	7.3%
18	一级	山岭	60	13.2%
中货车				
序号	公路等级	地貌	设计速度（公里/小时）	MAPE
1	高速	平原	120	10.4%
2	高速	平原	100	8.6%
3	高速	平原	80	10.3%
4	高速	微丘	120	7.8%
5	高速	微丘	100	6.6%
6	高速	微丘	80	11.4%
7	高速	山岭	120	9.4%
8	高速	山岭	100	7.6%
9	高速	山岭	80	8.8%
10	一级	平原	100	7.9%
11	一级	平原	80	12.6%
12	一级	平原	60	6.0%
13	一级	微丘	100	7.4%
14	一级	微丘	80	10.2%
15	一级	微丘	60	7.9%
16	一级	山岭	100	7.3%

续表

\multicolumn{5}{c}{中货车}
序号	公路等级	地貌	设计速度（公里/小时）	MAPE
17	一级	山岭	80	7.0%
18	一级	山岭	60	16.9%

\multicolumn{5}{c}{大货车}
序号	公路等级	地貌	设计速度（公里/小时）	MAPE
1	高速	平原	120	7.5%
2	高速	平原	100	7.3%
3	高速	平原	80	8.1%
4	高速	微丘	120	9.8%
5	高速	微丘	100	10.6%
6	高速	微丘	80	11.0%
7	高速	山岭	120	6.2%
8	高速	山岭	100	8.7%
9	高速	山岭	80	11.6%
10	一级	平原	100	6.8%
11	一级	平原	80	10.4%
12	一级	平原	60	6.2%
13	一级	微丘	100	7.8%
14	一级	微丘	80	5.9%
15	一级	微丘	60	7.2%
16	一级	山岭	100	10.3%
17	一级	山岭	80	9.7%
18	一级	山岭	60	20.5%

续 表

特大货车			
序号	公路等级	地貌	设计速度（公里/小时）	MAPE
1	高速	平原	120	11.0%
2	高速	平原	100	11.6%
3	高速	平原	80	7.3%
4	高速	微丘	120	7.0%
5	高速	微丘	100	5.1%
6	高速	微丘	80	8.8%
7	高速	山岭	120	7.6%
8	高速	山岭	100	7.6%
9	高速	山岭	80	15.6%
10	一级	平原	100	9.1%
11	一级	平原	80	8.5%
12	一级	平原	60	9.5%
13	一级	微丘	100	6.4%
14	一级	微丘	80	7.3%
15	一级	微丘	60	6.9%
16	一级	山岭	100	10.4%
17	一级	山岭	80	11.0%
18	一级	山岭	60	16.6%

9

附 录

9.1 高等级公路流量-速度关系模型功能开发需求报告

9.1.1 项目简介

9.1.1.1 目的

"高等级公路交通流量-速度关系模型"是交通运输部规划研究院"十四五"期间需要重点突破的交通规划模型算法类科研项目之一。该项目着力解决我国高等级公路流量-速度关系既有模型可移植性弱和阻抗分析精度低等核心问题，注重成果的可应用性。其主要目标是，依据项目研究成果，构建成套的不同适用条件下的流量-速度关系模型群，并在交通运输部规划研究院自主开发的综合交通空间规划分析和数据服务平台（TranSPAD）上实现模型的工具化。

9.1.1.2 范围

本报告文档主要描述高等级公路交通流量-速度关系模型前端页面涉及的功能点、相对应的后台管理功能支持以及部分交互细节。本报告文档的主要读者为业务部门的咨询人员、开发管理的项目负责人以及第三方的开发人员。

9.1.2 用户角色描述

用户角色描述见表9-1。

表9-1　用户角色描述

用户角色(举例)	用户描述（举例）
交通运输部人员	成果查询
院内用户	部规划院内部公路网规划和交通经济分析的用户，操作分为研究对象选取、属性展示、数据提取、数据输入交互和数据编辑计算、结果展示等步骤。
编辑人员	用户
审核人员	无需审核

9.1.3　产品概述

9.1.3.1　功能框图

在现有地理信息系统服务的基础上，增加选取研究对象、提取被选对象的属性数据、交互（录入、上传、下载）、计算、展示等功能及配套操作界面，详见图9-1。

```
高等级公路交通流量—速度关系模型
├── 选取研究对象
│     1.选取区域
│     2.选取路线
│     3.选取路段
├── 提取属性数据
│     提取被选对象的属性数据：
│     1.设计速度（SJSD）
│     2.技术等级（JSDJ）
│     3.公路功能（DLGN）
│     　（分为城市化地区或非城市化地区）
│     4.地貌（DM）
│     5.车道数量
│     6.参数a和b
│     7.实际通行能力C
│     8.实际自由流速度S0
├── 交互
│     1.录入或上传交通量
│     2.下载计算结果
├── 计算
│     1.不同单位的交通量转换
│     2.通行能力单转换
│     3.交通流速度S计算
│     4.交通流速度S加权运算
└── 展示
      1.路段交通流速度S的渐变色展示
      2.其他相关属性数据的展示，包括代表里程、路线/路网的最高（最低）速度的适用条件等
```

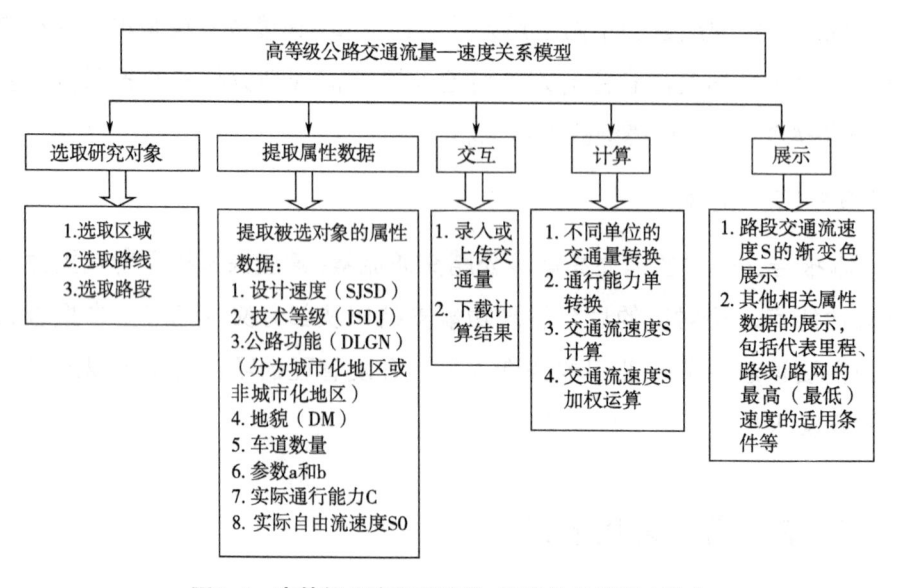

图9-1　高等级公路交通流量-速度关系模型功能点

（1）选取研究对象：通过点击鼠标的方式，从图层上选定某个路段（若干个路段）或某个路线（若干个路线）或某个区域范围内的路网（或者若干个区域内）。

（2）提取被选对象的相关属性数据：选定研究对象后（路段、路线、路网），自动提取选定对象的相关属性数据，并赋值给内置算法（计算公式群）。需要提取的属性有"公路功能"（城市化地区或非城市化地区）、"公路技术等级"、"地貌"、"公路设计速度"、"车道数量"、模型参数a和b、公路实际自由流速度S0和实际通行能力C、交通量转换系数K1和K2等数据。

（3）交互：包括录入数据、上传数据和下载计算结果等功能。"录入数据"是指录入流速模型的输入数据，具体包括小时交通量（pcu/h）和年平均日交通量（pcu/d）；"上传数据"是指交通流量数据的上传功能，这里的交通流量可以是连续多天的数据，支持excel/csv以及Shape格式文件的上传；"下载计算结果"是指流量-速度关系模型输出结果的下载功能，包括平均交通流速度（公里/小时）、最高速度以及最低速度等。以上交互部分的数据由用户操作完成。

（4）计算功能：包括不同单位交通流量的转换、通行能力单位的转换、交通流速度S（公里/小时）的计算、交通流速度S的综合运算等。这一部分功能由平台自动完成，支持用户下载其计算结果。

（5）展示：包括路段交通流速度、路线平均交通流速度、路网平均交通流速度以及相关的其他属性，如代表里程、路线/路网的最高（最低）交通流速度以及对应的适用条件等数据。

高等级公路交通流量-速度关系模型模块功能见图9-2。

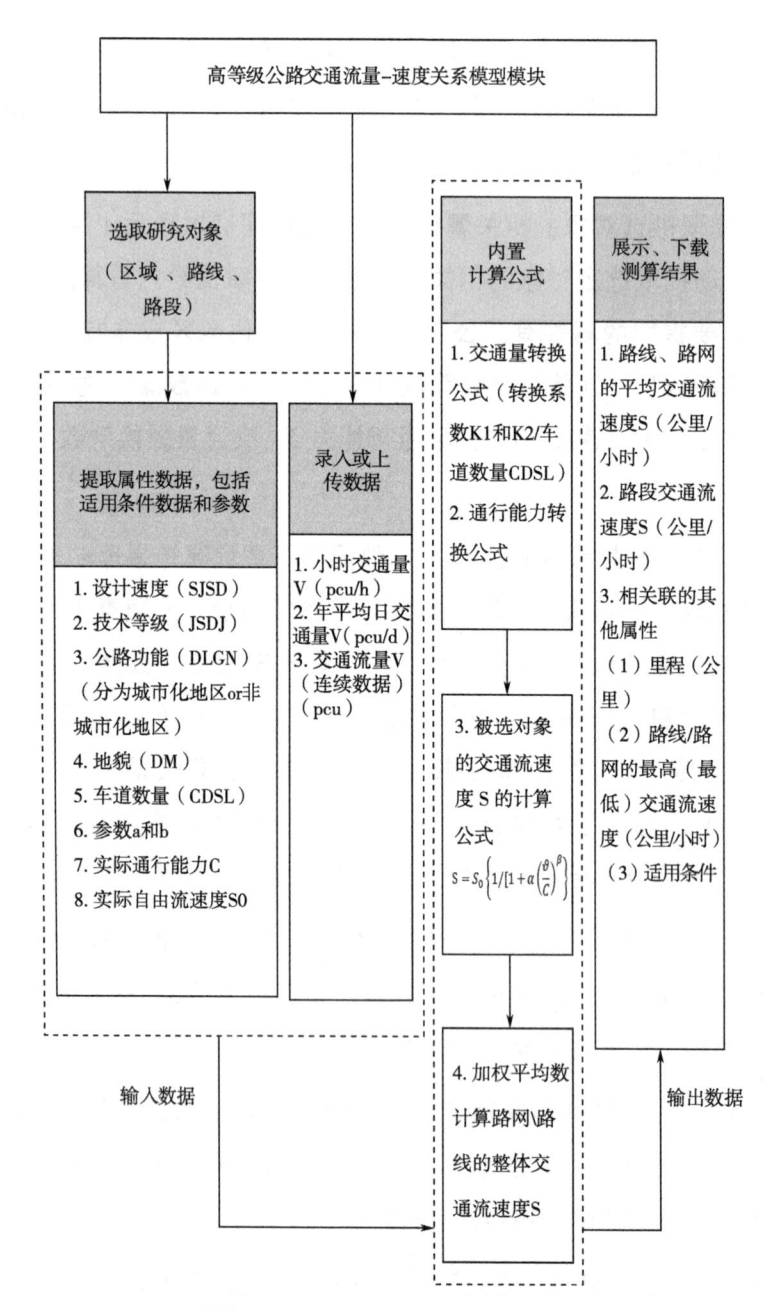

图9-2 高等级公路交通流量-速度关系模型模块功能图

9.1.3.2 逻辑结构图

数据选定/提取功能的逻辑结构见图 9-3。

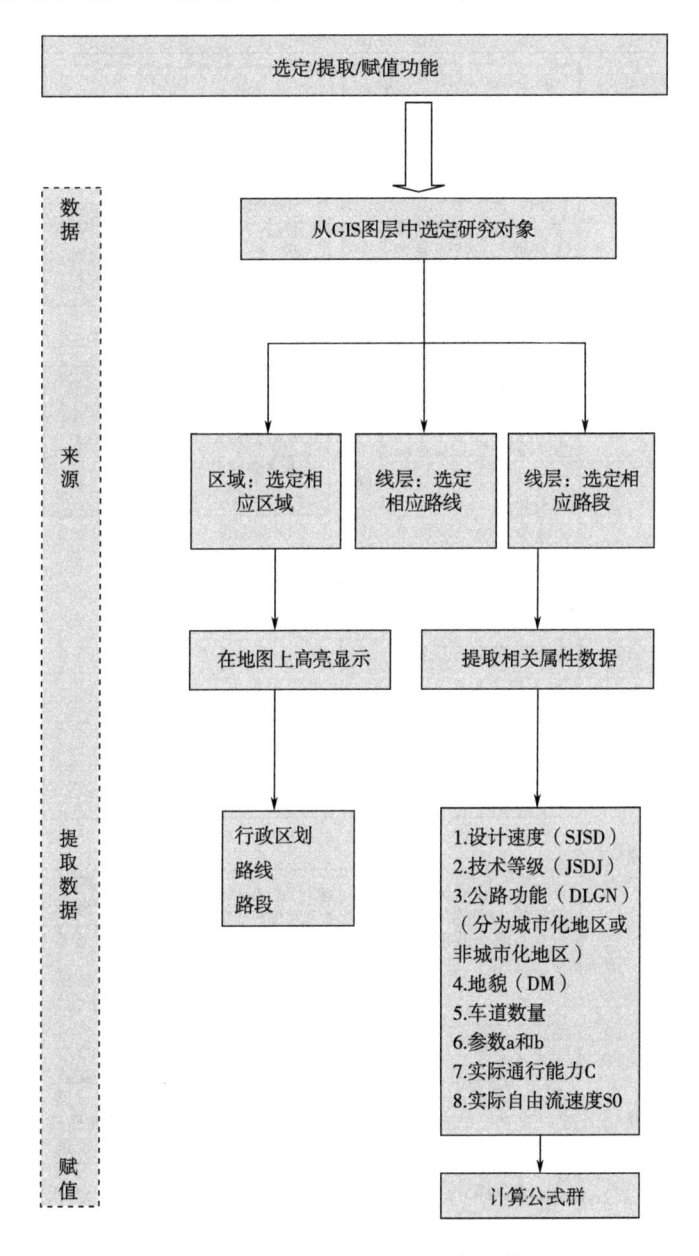

图9-3 数据选定/提取功能逻辑结构图

交互／计算／展示功能的逻辑结构见图 9-4。

```
交互/计算/展示功能
├── 数据来源
│   ├── 从空间数据中自动提取的属性数据
│   │   └── 通过鼠标，选定研究对象（区域、路线、路段），提取属性数据
│   │       └── 1.设计速度（SJSD）
│   │           2.技术等级（JSDJ）
│   │           3.公路功能（DLGN）（分为城市化地区或非城市化地区）
│   │           4.地貌（DM）
│   │           5.车道数量
│   │           6.参数a和b
│   │           7.实际通行能力C
│   │           8.实际自由流速度S0
│   ├── 录入数据
│   │   └── 通过"录入框"，录入相关数据
│   │       └── 1.小时交通量V(pcu/h)
│   │           2.年平均日交通量V(pcu/d)
│   └── 上传数据
│       └── 通过"传输文件框"，上传数据
│           └── 3.交通流量V（连续数据）(pcu)
├── 计算
│   ├── 输入数据 → 计算公式群 → 输出结果
│   ├── 不同单位交通流量的转换、通行能力的单位转换、交通流速度S、交通流速度S的加权运算等公式
│   └── 1.路线、路网的平均交通流速度S（公里/小时）
│       2.路段交通流速度S（公里/小时）
│       3.相关联的其他属性，里程（公里）、路线/路网的最高（最低）交通流速度（公里/小时）、适用条件
└── 展示
    ├── 在GIS图层，采用不同颜色展示各路段的交通流速度
    └── 以表格形式展示和下载相关计算结果
```

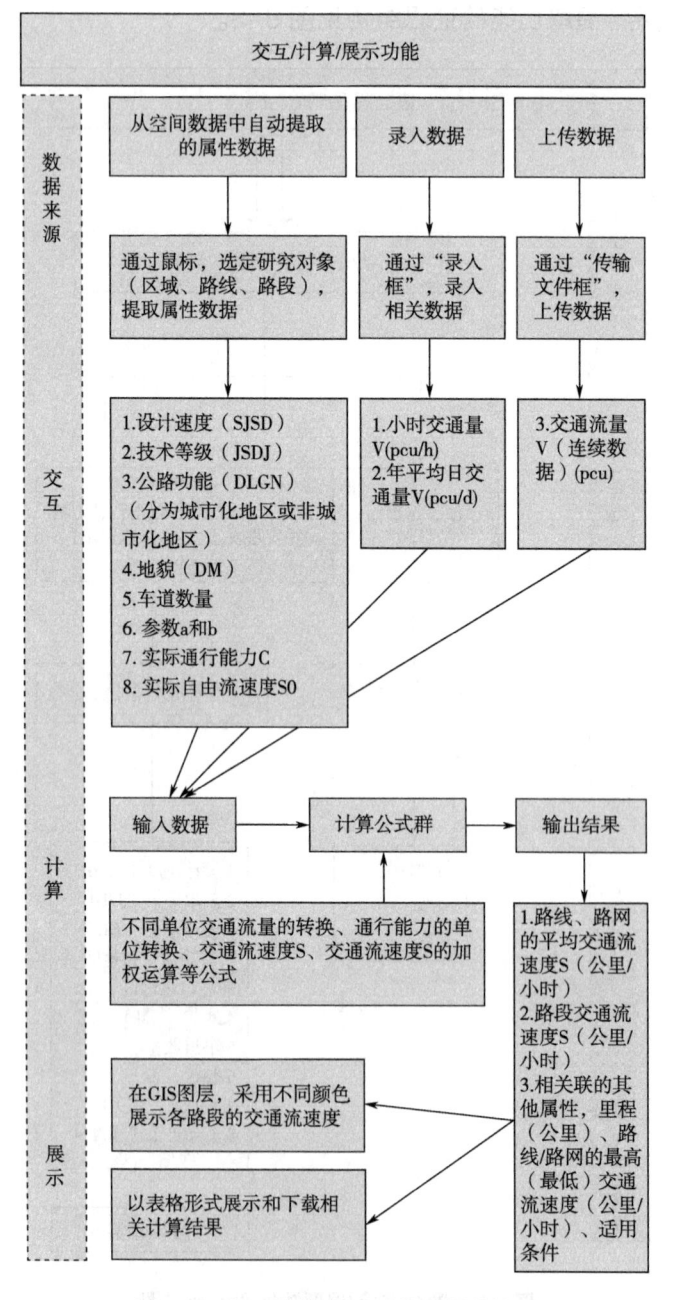

图9-4　交互/计算/展示功能逻辑结构图

9.1.4 高等级公路交通流量–速度关系模型功能点例解

9.1.4.1 首页

首页如图 9-5 所示。

图9-5 首页

9.1.4.2 选定／提取／赋值

（1）功能描述。

选定研究对象，提取相关属性数据，自动赋值给计算公式群。

（2）需求描述。

选定：通过点击鼠标的方式，在 GIS 图层选择研究区域、路线或路段；点击回车键显示被选对象的相关属性数据。

展示内容：高亮显示选定区域、选定路线、选定路段

提取数据：提取被选对象的相关属性数据。包括"公路功能"、"公路技术等级"、"地貌"、"公路设计速度"、"车道数量"、模型参数 a 和 b、交通量转换系数 K1 和 K2、实际自由流速度 S0、实际通行能力 C 等数据。

提取后的数据自动赋值给计算公式群。其中，"公路功能"、"公路技术等级"、"地貌"、"公路设计速度"、"车道数量"等属性数据直接来自平台；模型参数 α 和 β 来自《流速模型适用条件和内部参数表》；实际自由流速度 S0 和实际通行能力 C 等数据来自《流速模型外部参数表》；不同单位交通量转换系数 K1 和 K2 来源于《流速模型交通流量单位转换系数表》。

流速模型适用条件和内部参数见表 9-2。

表9-2 流量-速度关系模型适用条件和内部参数表

序号	公路等级	地貌	设计速度（公里/小时）	α	β
			小客车		
1	高速	平原	120	0.62	2.81
2	高速	平原	100	0.81	4.09
3	高速	平原	80	0.25	0.36
4	高速	微丘	120	0.55	1.50
5	高速	微丘	100	0.33	1.89
6	高速	微丘	80	0.54	1.25
7	高速	山岭	120	0.22	1.37
8	高速	山岭	100	0.93	2.30
9	高速	山岭	80	0.65	5.89
10	一级	平原	100	0.29	1.11
11	一级	平原	80	0.51	1.81
12	一级	平原	60	0.36	1.18
13	一级	微丘	100	0.28	1.16

续 表

小客车					
序号	公路等级	地貌	设计速度（公里/小时）	α	β
14	一级	微丘	80	0.70	1.05
15	一级	微丘	60	0.39	1.16
16	一级	山岭	100	0.12	1.32
17	一级	山岭	80	0.52	1.39
18	一级	山岭	60	0.36	1.17

注：其余数据参见表8-3。

流量-速度关系模型外部参数见表9-3。

表9-3 流量-速度关系模型外部参数表

公路等级	地貌	设计速度（公里/小时）	小客车 S0	大客车 S0	小货车 S0	中货车 S0	大货车 S0	特大货 S0
高速	平原	120	105	94	96	95	94	88
		100	100	90	94	90	87	80
		80	80	76	79	76	75	73
	微丘	120	103	91	91	90	88	78
		100	98	89	91	90	86	78
		80	80	75	77	73	72	71

续　表

公路等级	地貌	设计速度（公里/小时）	小客车 S0	大客车 S0	小货车 S0	中货车 S0	大货车 S0	特大货 S0
高速	山岭	120	102	91	89	88	87	77
		100	96	87	88	86	85	75
		80	80	74	74	72	71	70
一级	平原	100	75	67	67	67	66	64
		80	74	66	65	65	64	64
		60	59	58	58	55	54	53
	微丘	100	74	65	65	65	65	60
		80	73	64	64	64	63	60
		60	58	57	57	55	53	52
	山岭	100	71	62	63	62	61	59
		80	69	61	60	59	58	57
		60	57	55	55	55	53	50

注：速度单位为公里/小时。

交通流量单位转换系数见表9-4。

表9-4　交通流量单位转换系数

V（年平均日交通量）	V（小时交通量）
	K1=0.08

9.1.4.3 交互/计算/展示

（1）功能描述

流量–速度模型输入数据的录入、上传、计算、下载和展示。

（2）输入/前置条件

用户通过"录入"框，录入被选对象的交通流量数据，可以输入不同时间颗粒度的流量数据，如小时流量、年平均日交通量等；也可以通过"上传"框，上传连续性交通流量数据。

（3）需求描述

①交互：通过"录入"和"上传"功能，输入相关数据后，通过点击"计算"按钮，调用已内置平台的流速模型计算公式群，计算被选对象的交通流速度S。

②计算公式群。

公式一：交通流量（pcu）的转换：

V（小时交通量，pcu/断面·h）=V（年平均日交通量，pcu/断面·天）× K1

公式二：路段交通流速度S（公里/小时）的计算：

$$S = S_0 \left\{ 1 \bigg/ \left[1 + \alpha \left(\frac{\vartheta}{C} \right)^\beta \right] \right\}$$

其中，ϑ 为被选对象的小时交通流量，单位为（pcu/ln.h），在用户给定数值的基础上，由公式一转换而来；参数 α 和 β 来自《流速模型适用条件和内部参数表》；S0为实际自由流速度（公里/小时）；C为实际通行能力（pcu/ln.h），来自《流速模型外部参数表格》。

公式三：区域（路网）/路线交通流平均速度S（公里/小时）的计算：

S（路网）或S（路线）=S（路段）的里程加权平均数

其中，权重值由用户给定或者由路网评价课题研究成果给定。

③下载和展示：流量-速度关系模型计算结果有两种显示方式：一是以Excel或者Csv格式显示点击"下载"按钮，用户可以将计算结果下载到本地使用，同时用户可以筛选需要展示和下载的字段。二是可以在GIS图层的被选对象上，用不同颜色可视化展示流速模型计算出的速度数据。

（4）输出/后置条件

支持以 Excel 和 CSV 格式下载计算结果到本地使用，格式多样灵活。

①筛选指标，并以 Excel 或 CSV 格式下载：指标项包括路段速度、平均速度、最高速度、最低速度、设计速度、技术等级、通行能力、自由流速度、车道数量、公路功能、地貌、里程、起止点名称等，可分别下载区域路网、路线和路段的上述指标值。

②在 GIS 图层被选对象上，用渐变颜色可视化展示路段速度 S：在 20 公里/小时至 140 公里/小时之间，以 30 为单位进行插值，从红色渐变为绿色。

9.1.5 流量-速度关系模型管理

流量-速度关系模型表达形式如下：

$$S = S_0 \left\{ 1 / \left[1 + \alpha \left(\frac{\vartheta}{C} \right)^{\beta} \right] \right\}$$

其中，ϑ 为被选对象的小时交通流量，单位为（pcu/ln.h），在用户给定数值的基础上，由公式一转换而来；参数 α 和 β 来自表 9-2《流速模型适用条件和内部参数表》；S0 为实际自由流速度（公里/小时）；C 为实际通行能力（pcu/ln.h），来自表 9-3《流速模型外部参数》。

输出数据为被选对象的交通流速度 S（公里/小时）。

9.1.6 数据录入、上传例解

数据录入、上传详见图9-6。

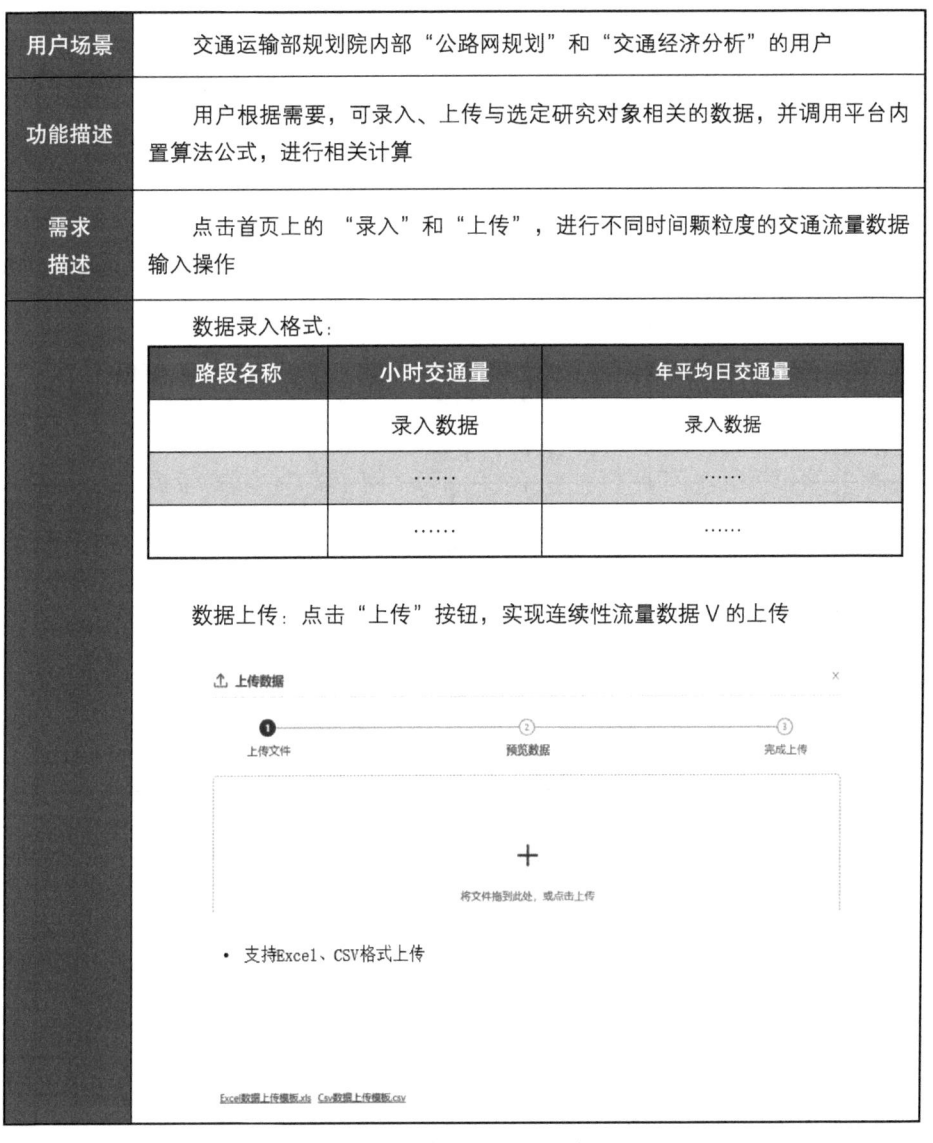

用户场景	交通运输部规划院内部"公路网规划"和"交通经济分析"的用户
功能描述	用户根据需要,可录入、上传与选定研究对象相关的数据,并调用平台内置算法公式,进行相关计算
需求描述	点击首页上的"录入"和"上传",进行不同时间颗粒度的交通流量数据输入操作
	数据录入格式: | 路段名称 | 小时交通量 | 年平均日交通量 | |---|---|---| | | 录入数据 | 录入数据 | | | …… | …… | | | …… | …… | 数据上传:点击"上传"按钮,实现连续性流量数据V的上传 ↑ 上传数据 ❶ 上传文件 —— ❷ 预览数据 —— ❸ 完成上传 　　　　　　+ 　　将文件拖到此处,或点击上传 • 支持Excel、CSV格式上传 Excel数据上传模板.xls Csv数据上传模板.csv

图9-6 数据录入、上传

续 表

9.1.7 数据例解

数据需求主要描述数据内容、分类、获取途径，详见表9-5。

表9-5 数据需求描述

序号	应用系统/模块	数据需求内容	数据单位	数据来源
1	选定/提取模块	路段名称	—	平台数据
2		路线名称	—	平台数据
3		行政区划名称	—	平台数据
4		设计速度（SJSD）	公里/小时	平台数据
5		技术等级（JSDJ）	—	平台数据
6		公路功能（城市化地区或非城市化地区）（GLGN）	—	平台数据
7		地貌（DIMAO）	—	平台数据
8		车道数量（CDSL）	—	平台数据
9		参数 α	—	内置表格
10		参数 β	—	内置表格
11		实际自由流速度 S0	公里/小时	内置表格
12		实际通行能力 C	Pcu/ln·h	内置表格
13	交互/计算模块	交通流量转换系数 K1	—	内置表格
14		交通流量转换系数 K2	—	内置表格
15		年平均日交通量	Pcu/断面·天	用户提供
16		小时交通量	Pcu/断面·时	用户提供

9.1.8 其他产品需求

9.1.8.1 性能需求

地图加载3秒之内，操作流畅，筛选过程没有明显停顿、卡顿。展示空间数据时需要即时展示，不易感受到明显的后台查询过程。

9.1.8.2 监控需求

监控服务器的存储、内存、CPU、网络等性能；服务器进程、可用性；用户操作行为等。

9.1.8.3 兼容性需求

推荐浏览器 Firfox、Google Chrome，推荐分辨率：1920 × 1080。

9.2 流量-速度关系模型TranSPAD平台的核心操作界面

高等级公路流速模型 TranSPAD 的操作界面首页如图 9-7 所示。右上方是相关操作按钮，包括研究区域筛选、模型计算、渲染配置、计算成果以及点击查询能功能。界面右下方是图例、打印、恢复、放大、缩小、量测和底图等操作按钮。界面左侧是各等级线路图层选项。

高等级公路流量-速度关系模型功能框架如图9-8所示，具备空间筛选、交互计算以及结果展示等功能。

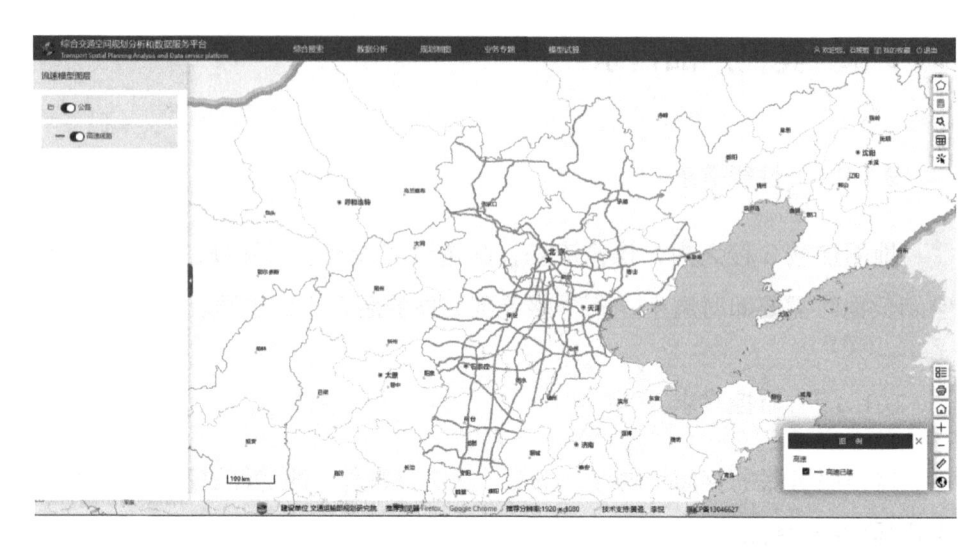

图9-7　高等级公路流量–速度关系模型TranSPAD的操作界面首页

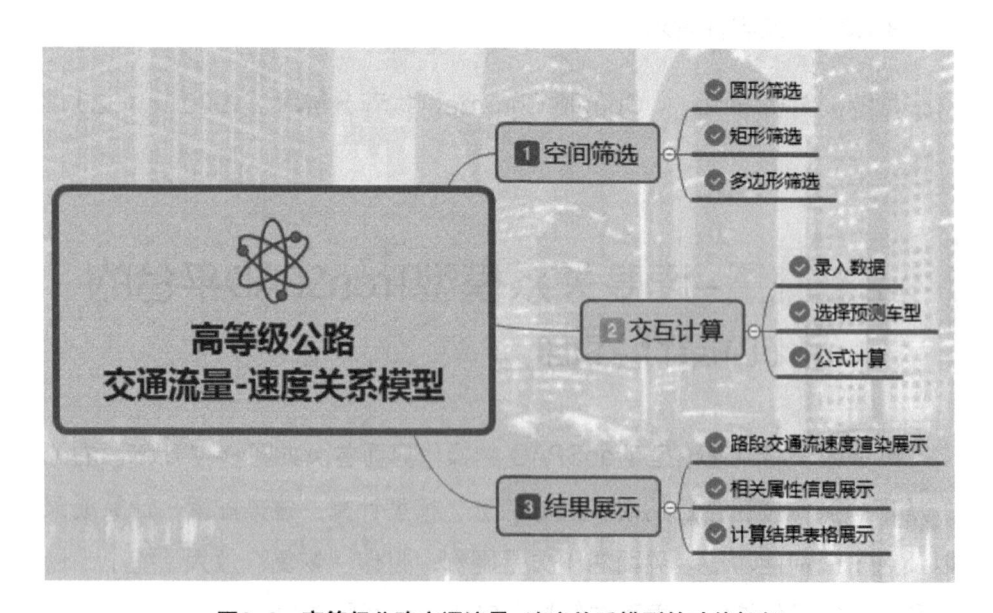

图9-8　高等级公路交通流量–速度关系模型的功能框架

进入首页后，点击右上方各按钮可操作相关功能。空间筛选功能支持圆形筛选、矩形筛选、不规则多边形筛选等多种形状，并且提供清空筛选功能。根据研究需要，点击任何一种筛选形状，圈定特定区域内的路网底图（如图9-9所示）。

图9-9 空间筛选功能的操作按钮

筛选完成研究区域及相关路线后，点击右上角的"模型计算"按钮和"录入流量数据"按钮，如图9-10所示。此时，界面将出现选定路线的属性数据表格，如图9-11所示，包括路线编码、路线名称、公路类型、车道数量、公路技术等级、公路所在区域地貌特征以及公路交通流等属性。点击左上角"编辑"按钮，可对上述属性进行修改和录入数据。录入完选定路线对应的交通流量数据后，点击"保存"按钮即可。

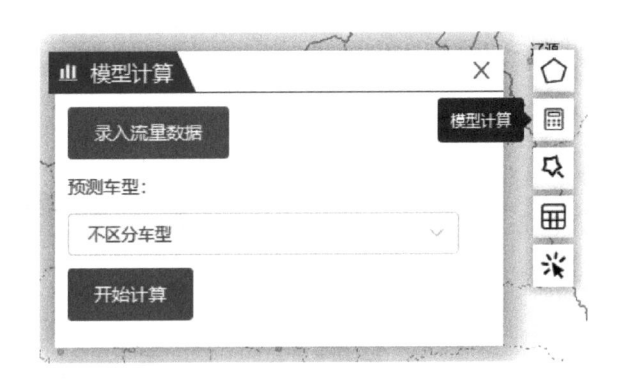

图9-10 模型计算功能的操作按钮

图9-11 选定路线的属性数据表

在"预测车型"下拉框中可选择不同车型，从而进一步计算选定路线上特定车型的平均交通流速度。选项包括小客车、大客车、小货车、中货车、大货车、特大货车以及不分车型，如图9-12所示。

计算完成筛选对象的平均交通流速度之后，点击"计算成果"按钮，如图9-13所示，可展示模型计算成果表，如图9-14所示。此时，展示出来的内容包括选定路线的相关属性外，新增了筛选对象的平均交通流速度。

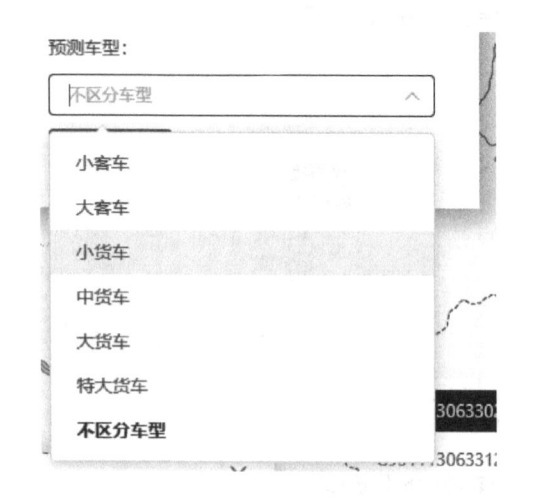

图9-12 车型选择功能　　　图9-13 查看模型计算成果的功能按钮

9 附 录

图9-14 模型计算成果表

得到模型计算结果后，点击"渲染配置"按钮，如图 9-15 所示，可对不同路段的平均交通流速度进行渲染配置，如图 9-16 所示。

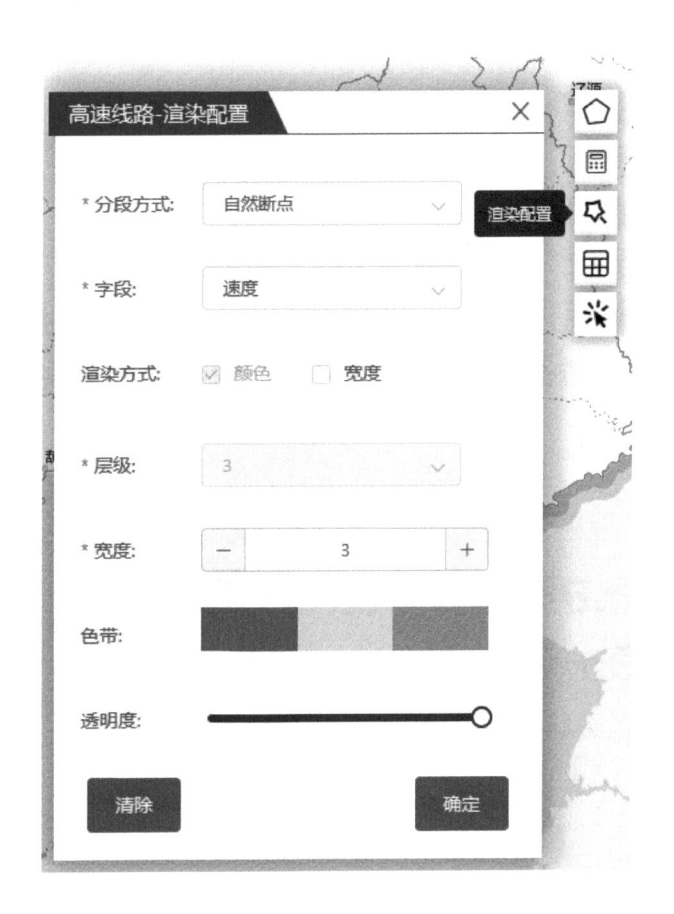

图9-15 计算结果渲染配置按钮

141

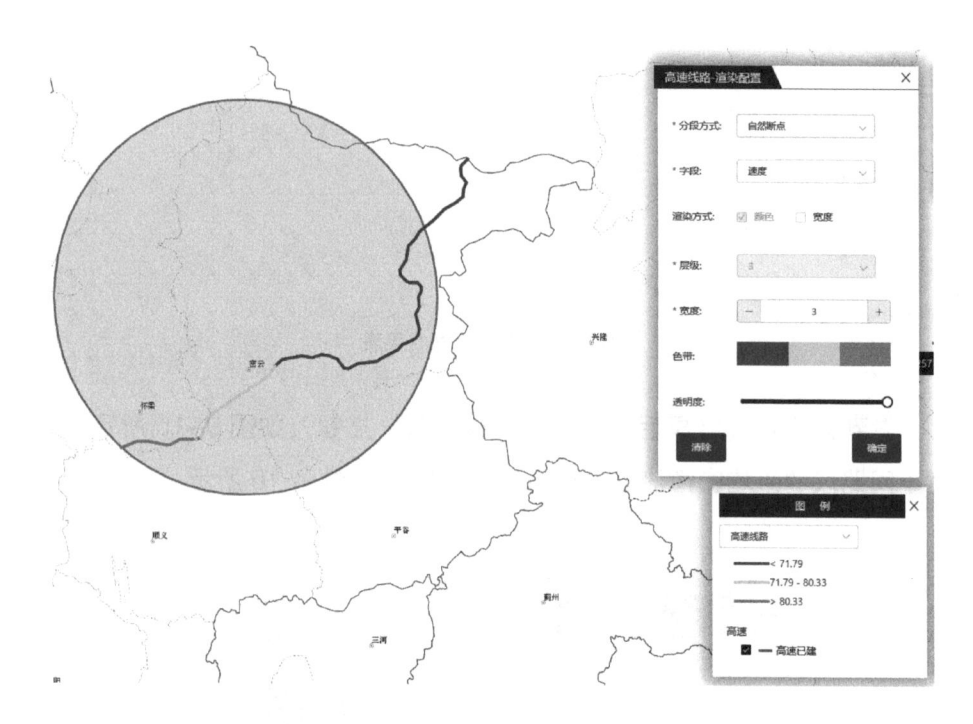

图9-16 渲染配置效果示意图

同时得到模型计算结果后，也可以选择"点击查询"按钮，如图9-17所示，勾选"点击查询实体路线"，可展示筛选对象的基础信息，如图9-18所示。

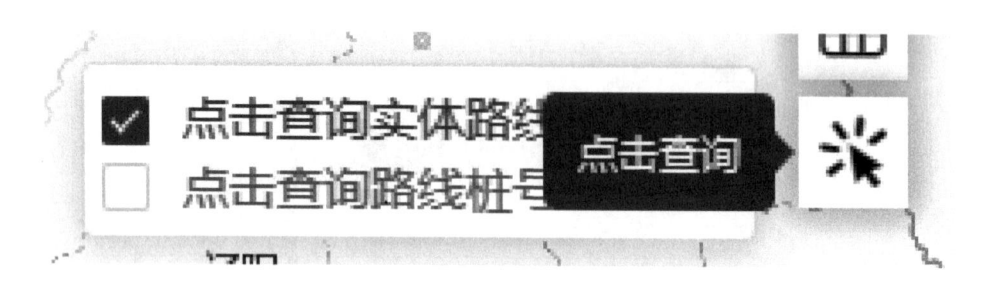

图9-17 点击属性查询按钮

9 附 录

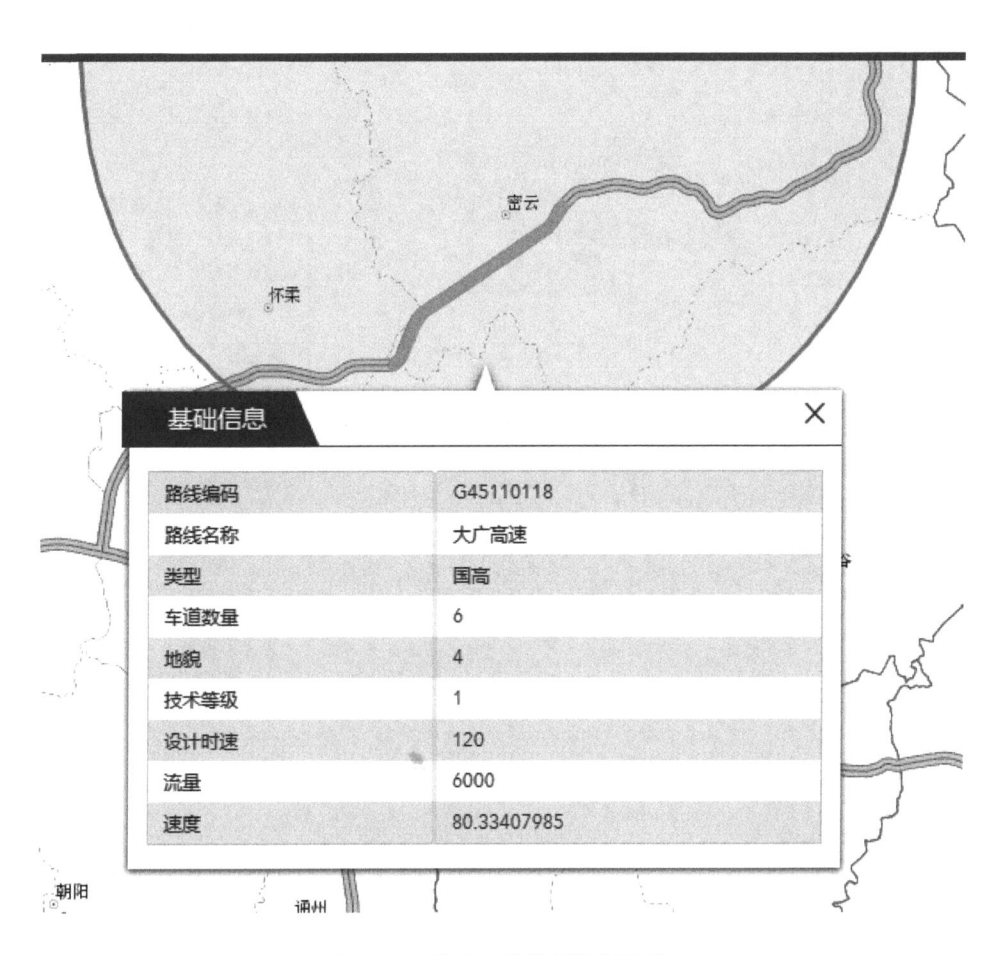

图9-18 选定路线的属性展示图

143

参考文献

[1] 交通运输部规划研究院.2019年国家干线公路交通情况报告[M].北京：人民交通出版社，2020.

[2] 国家统计局.公路交通情况统计调查制度[EB/OL].[2023-04-27]. http://www.stats.gov.cn/tjfw/bmdcxmsp/bmzd/202201/t20220124_1826932.html.

[3] 陆化普.交通规划理论与方法[M].北京：清华大学出版社，2006.

[4] 包贤珍.小汽车增量调控背景下交通需求管理策略分析：以深圳市为例[J].交通世界，2017，5（23）：3-5.

[5] 陈伟.重庆市主城区交通拥堵成因分析及对策[J].重庆交通大学学报（社会科学版），2020，5（20）：37-42.

[6] 黄海军，田丽君，王昕.考虑到达时间感知价值的静态网络均衡模型[J].系统工程理论与实践，2015，1（6）：1493-1500.

[7] BRUNSDON C F, FOTHERINGHAM A S, CHARLTON M E.Geographically weighted regression：a method for exploring spatial non-stationarity[J]. Geographical Analysis，1996，28（4）：281-298.

[8] BREIMAN L. Random forests[J]. Machine Learning，2001，45（1）：5-32.

[9]CORTES C, VAPNIK V. Support-vector networks [J]. Machine Learning, 1995, 20（3）: 273-297.

[10]BRUS D J, KEMPEN B, GBM H. Sampling for validation of digital soil maps [J]. European Journal of Soil Science, 2011, 62（3）: 394-407.

[11]BERGMEIR, CHRISTOPH, HYNDMAN R J, et al. A note on the validity of cross-validation for evaluating autoregressive time series prediction[J]. Computational Statistics & Data Analysis, 2018: 70-83.

[12]BERGMEIR C, BENÍTEZ J M. On the use of cross-validation for time series predictor evaluation [J]. Information Sciences: An International Journal, 2012: 192-213.

[13]CERQUEIRA, VITOR, TORGO L, MOZETIČ I. Evaluating time series forecasting models: an empirical study on performance estimation methods[J]. Machine Learning, 2020, 11（109）: 1997-2028.

[14]RACINE J. Consistent cross-validatory model-selection for dependent data: hv-block cross-validation[J]. Journal of Econometrics, 2000, 99（1）: 39-61.

[15]ARLOT, SYLVAIN, CELISSE A. A survey of cross-validation procedures for model selection[J]. Statistics Surveys, 2010, 4: 40-79.

[16]MA Xiaolong, MA Dongfang, WANG Dianhai, et al. Modeling of speed-density Relationship in traffic flow based on logistic curve[J]. China Journal of Highway and Transport, 2015, 28（4）: 94-100.

[17]WANG Y, SUN Q, LI R. An improved SVM-based traffic speed prediction model using shadow features and data augmentation[R].

Transportation Research Part C: Emerging Technologies, 2020, 111: 1-17.

[18]WANG W. Practical speed flow relationship model of highway traffic flow[J]. Journal of Southeast University (Natural Science Edition), 2003, 33(3): 487-491.

[19] LIU Wenzhi, LU Huapu, SUN Zhiyuan, et al. Elderly's travel patterns and trends: the empirical analysis of Beijing[J]. Sustainability, 2017, 9: 981.

[20] YU Haiyang, JIANG Rui, HE Zhengbing, et al. Automated vehicle-involved traffic flow studies: a survey of assumptions, models, speculations, and perspectives[R]. Transportation Research Part C, 2021, 127: 1-22.

[21]WU H, WANG Y, ZHANG L. Real-time traffic flow prediction with deep spatio-temporal residual networks[R]. Transportation Research Part C: Emerging Technologies, 2019, 103: 72-84.